高等教育教学与素质培养研究

魏邦莹　李丁丁　李　浩　著

吉林文史出版社

图书在版编目（CIP）数据

高等教育教学与素质培养研究 / 魏邦莹，李丁丁，
李浩著. -- 长春：吉林文史出版社，2024.8. -- ISBN
978-7-5752-0630-3

Ⅰ. G649.21

中国国家版本馆CIP数据核字第2024SH2967号

高等教育教学与素质培养研究
GAODENG JIAOYU JIAOXUE YU SUZHI PEIYANG YANJIU

出 版 人：张　强
著　　者：魏邦莹　李丁丁　李　浩
责任编辑：张焱乔
版式设计：李　鹏
封面设计：文　亮
出版发行：吉林文史出版社
电　　话：0431-81629352
地　　址：长春市福祉大路5788号
邮　　编：130117
地　　址：www.jlws.com.cn
印　　刷：北京昌联印刷有限公司
开　　本：787mm×1092mm　1/16
印　　张：11.75
字　　数：260千字
版　　次：2024年8月第1版
印　　次：2024年8月第1次印刷
书　　号：ISBN 978-7-5752-0630-3
定　　价：78.00元

前　言

　　中国高等教育进入大众化教育阶段后，由于社会生产力的不断发展，社会对于专业技能的需求也趋向专业化、多样化，社会需求使得高等学校面临重新确定办学定位，以及进行分类、分层与分化的重要课题，在高等教育大众化发展趋势下，找准符合办学定位和办学指导思想的人才培养模式，对各高等学校来说既势在必行又意义深远。作为人才培养的重要阵地，大学应把提高自主创新能力作为重要任务，切实提高人才培养质量。

　　素质教育是指把职业素养提升与专业技能培养有机结合起来，培养学生适应社会发展的必备素养和关键职业能力。强调大学生素质教育工作，把它喻为"灵魂""核心""关键"，是我党三代领导核心一以贯之的思想，在今天具有重大的现实意义。改革开放以来，高等学校的素质教育工作取得了显著成效，广大学生表现出政治上积极上进，学习上勤奋刻苦，生活上丰富多彩的主流精神风貌。

　　本书在撰写过程中，由于作者自身水平有限，书中错漏之处在所难免，恳请广大读者批评指正。

目 录

第一章　导论

第一节　高等教育大众化理论的产生和分类

一、我国应用型大学的产生

随着中国 20 世纪 70 年代以来改革开放的深入进行，中国高等教育面临的问题是如何适应新的经济形势，进行全面而深刻的改革。20 世纪 90 年代，我国高等院校普遍开展了教育思想大讨论。人们在深刻反思和总结我国高等教育发展的过程中，一方面肯定了中华人民共和国成立以来我国高等教育事业取得的巨大成就，培养了大量的社会主义建设人才；另一方面反思了高等教育在长期计划经济体制下产生的一些弊端，有些专家、学者将这些弊端概括为"教育观念过时、教育内容陈旧、教育方法落后"，主要反映在教育脱离社会经济、高等学校封闭与社会办学上。

针对我国高等教育的这些弊端，2001 年，教育部在《关于做好普通高等学校本科学科专业结构调整工作的若干原则意见》中强调："大力发展与地方经济建设紧密结合的应用型专业。随着我国高等教育规模的扩大以及产业结构调整步伐的加快，社会对高层次应用型人才的需求将更加迫切。高等学校尤其是地方高等学校，要紧密结合地方经济建设发展需要，科学运用市场调节机制，合理调整和配置教育资源，加强应用型学科专业建设，积极设置主要面向地方支柱产业、高新技术产业、服务业的应用型学科专业，为地方经济建设输送各类应用型人才。"2005 年，教育部在《关于进一步加强高等学校本科教学工作的若干意见》中强调："以社会需求为导向，走多样化人才培养之路。高等学校要根据国家和地区、行业经济建设与社会发展的需要和自身特点，科学定位，办出特色，办出水平。要根据不同专业的服务面向和特点，结合学校实际和生源状况，大力推进因材施教，探索多样化人才培养的有效途径。"

2001年4月，教育部在长春召开了"高等学校人才培养模式研讨会"。本次会议探讨了高等学校人才培养目标的定位、高等学校人才的设计，以及应用型人才培养的方案和途径等具体问题。

2002年，党的十六大报告指出："要坚持教育创新，造就数以亿计的高素质劳动者、数以千万计的专门人才和一大批拔尖创新人才。"该报告不仅提出了国家发展需要的人才培养战略目标，而且明确了按不同层次类型对人才进行分类培养的战术思想，从而在一定意义上指明了不同高等学校应该具有不同类别的人才培养功能。应用型教育、应用型人才、应用型大学和应用型专业的概念及其内涵，在我国社会和高等教育界逐渐清晰并得到明确。

2007年5月，在上海举办的高等教育学术研讨会上，潘懋元教授指出，目前越来越多的高等院校将原来综合性、研究型的大学定位转变为多学科型、应用型或职业型、技能型院校。他强调，每所高等学校在制定发展战略时，必须实事求是地研究地方经济、文化、高教、生源等客观环境和不同类型、层次、专业的社会需求，并结合文化积淀和社会声誉、师资力量与特长等自身的特点及优势，在各自层次和类型中争创一流。应用型大学则是其中的一个重要类型。因此，应用型大学在我国的出现既是社会经济需求的必然，也是改革发展的结果。印度的高等教育改革与发展之路，对我国高等教育具有典型的借鉴意义。20世纪80年代中期，印度高等教育进行了较大规模的扩张，并经受了一系列高等教育改革的阵痛，最明显的是许多大学生毕业后难以就业。然而，经过十几年的发展，印度经济发生了巨大变化，尤其是软件产业的崛起，引起了人们对印度模式的重新反思。人们发现，正是印度高等教育的大发展，为其后来的经济腾飞储备了大量人才，尽管这些人才当时在印度国内并没有很好的发展空间，纷纷走到国外，但是十几年之后，他们重返印度，并且给印度带回了技术和经济的优势。

我国政府早在 20 世纪 80 年代就提出了推进素质教育的教育战略，让素质教育贯穿课程体系和教育教学中。这里的素质教育有两层含义：第一，素质教育相对于专业教育，它强调每个专业需要具备宽厚的知识基础，使专业在精深的同时能汲取更广阔的发展养分；第二，素质教育要解决现存工具化倾向使人客体化的问题，培养全面发展的人，从以人为本的科学发展观来讲，这正是我国推进高等教育大众化的真正目的所在。

二、我国应用型大学的发展途径

应用型高等教育已经成为我国大众化高等教育的必然产物和发展趋势。从高等教育发展的特征来看，21 世纪是中国高等教育优先发展的世纪，我国高等教育在办学规格、办学层次、办学类型上呈现出多样化特征，发展应用型高等教育，培养应用型人才正是顺应了高等教育这一发展规律的正确抉择。国际高等教育的发展经历告诉我们，在大众化高等教育阶段，大大增加培养应用型人才的数量，这是许多发达国家高等教育大众化历程总结出来的经验和规律。

借鉴国外应用型大学发展的途径，结合应用型大学的特征及我国的实际情况，我们认为，我国应用型大学的发展途径主要有以下三种。

（一）由教学型大学向应用型大学发展

教学型大学在我国为数众多，并且多属于以本科层次教育为主的地方院校。它们侧重教学，科研规模和力量相对较小。随着近年来的扩招，教学型大学的录取分数线越来越低，生源主体为居于高考成绩中间段甚至是中间段偏下的学生。对于这样的大学，从理论上来分析可以有两种发展途径：一种是按照我国高等学校发展的传统途径，向着研究型大学发展；另一种是向着应用型大学发展。基于对两种发展途径的可行性分析，可以看出根据我国目前的实际情况，教学型大学向研究型大学发展是很难成功的。研究型大学在高等教育大众化阶段实施的是一种"质"的教育，

3

是着重优秀的教育。因此，研究型大学的科研规模、教学经费及生源质量都与优秀教育相匹配。从教学型大学目前的实力来看，发展成研究型大学是在短时间内无法实现的。我国目前的经济建设还需要数以万计面向生产第一线的应用型人才、实用型人才，这些人才的培养仅靠专科层次的高等职业教育来完成是不能满足社会需要的。因而，作为本科层次教育的教学型大学必然成为培养应用型人才的主力军，它如果继续向着研究型大学的方向前进，就会与社会发展产生矛盾，不符合高等教育的发展规律。综上所述，我们认为，教学型大学只有向着应用型大学的方向发展才符合科学发展观，与我国高等教育改革和发展的主旋律保持一致，教学型大学已经具备成为应用型大学的办学基础和条件。

1. 转变办学理念

教学型大学应认识到，不同类型的大学应有不同的人才质量标准。应用型大学承担的任务是为国家培养面向生产一线的应用型人才，能在自己的层面上办出水平，达到一流。

2. 进一步明确办学定位

教学型大学要建成应用型大学，还须进一步明确自身定位。首先，它能为地方生产、建设、管理、服务第一线培养下得去、留得住、用得上的大量高级应用型人才，为地方经济的发展提供智力保障；其次，它能为地方经济建设与社会发展解决难题，尤其是为生产、建设、服务与管理第一线推广高新实用技术，为提升地方企业的科技含量、提高产品的市场占有率服务；最后，它能为地方各类专业技术人才继续教育、终身教育提供培训基地与教育基地。

3. 转变办学模式

转变办学模式主要包括三个方面：第一，应改变传统的"先理论后实践"教育理念和"正三角形"课程模式，按照"学科—应用型"理念设计课程体系；第二，应加强具有应用能力的教师队伍建设；第三，应紧密依托行业和当地政府与企业，建立产学研密切结合的运行机制，推进教育和应用型科研的结合。

（二）由高职院校向应用型大学发展

高职院校升本发展成为应用型大学应注意以下几点。

1. 注重应用型学科体系的构建，发展应用型科学研究

高职院校课程摆脱了学科系统化的三段式模式课程，其专业学科体系让位于专业的职业能力体系，在学科建设方面与本科层次的院校有很大差距。因此，高职院校要建成本科教育层次的应用型大学，就必须加强工程型学科、技术型学科和复合型学科等应用型学科的建设，制定鼓励应用型研究的政策措施。

2. 课程设计应注意本、专课程衔接

高职院校注重学生职业能力的培养，使学生在专业技术能力的掌握和熟练程度上要优于本科生，但其缺少学科基础和职业能力的进一步提升。因此，课程设计应注意学科基础知识的补充和职业能力的提升，尤其是提高对学生技术研发能力和分析解决问题能力的进一步培养。

3. 加强师资队伍建设，提高其从事应用型教育的执教能力

高职院校的师资整体条件和实力与应用型大学要求的师资条件还有一定距离，特别是学术水平和科研能力。因此，高职院校必须加强师资队伍建设，不断提升教师学历层次和应用型研究能力，促进教师提高从事应用型教育的执教能力。

4. 进一步突出产学合作教育

已取得良好社会声誉的高职院校，基本都是在产学合作教育方面取得了很多成绩，建立了良好产学合作运行机制的学校。但是，应用型大学不仅要为本地区培养大批应用型人才，还要通过应用型研究，将研究成果转化为生产力，从而促进区域经济的发展。就目前而言，高职院校在产学合作教育方面，欠缺的是科研。因此，高职院校除继续加强产学合作教育外，还应鼓励教师开展应用型研究，积极参与企业的科技创新活动，促进科研成果的转化。此外，一些民办高职院校在向应用型大学发展的过程中还应注意规范教学管理和基本教学要求。

（三）独立设置的重点大学二级学院尝试以新机制向应用型学院发展

除上述两种应用型大学的发展途径外，还有一种途径就是独立设置的重点大学二级学院尝试以新机制向应用型学院发展。独立设置的重点大学二级学院在向应用型学院发展的过程中，除应与教学型大学一样在办学理念、办学定位及办学模式方面进行改造外，还应注意以下几点。第一，二级学院应充分利用重点大学的声誉和学术优势与行业、企业建立良好的产学研合作关系，以促进应用型教育的发展。第二，重点大学应给予二级学院更多的自主权利和优惠政策，扶持其发展应用型教育。同时，通过发展应用型教育，改变目前大学教育的传统模式和培养目标，加强同企业和地方的联系，进而提高自身的竞争能力。第三，重点大学应为二级学院创设条件，建立学术型教育和应用型教育的相互融通与交流使学生可以在两条教育通道间互换跑道。

上述是我国应用型大学发展的主要途径。为了保障我国应用型大学的顺利发展，国家和地方政府机构必须为这些学校提供必要的政策与经费支持：第一，国家应像实施"211工程"那样，实施建设优秀应用型大学工程；第二，地方政府要加大对高等教育的投入，提高高等教育投入的比重，并在办学用地及其他社会资源等方面给予优惠政策或政策性的倾斜；第三，政府应分类指导，针对不同类型的本科教育制定不同的评估标准和评价方案，鼓励学校按照自己的定位要求，健康发展，争创一流。

三、应用型大学的内涵与基本特征

（一）应用型大学的内涵

大学的属性和类型是由其内涵决定的，学校的基本内涵包括办学定位、办学模式、人才培养目标等方面。

1. 学以致用、应用为本的办学定位

教育部在本科教育与教学评估的有关文件中明确规定，学校的办学定位一般包括学校类型定位、办学目标定位、学科专业定位、教育层次定位和服务面向定位五个方面。目前，我国应用型大学多是改革开放以后新建的大学及适应地方经济发展需求兴办的地方性大学；办学目标是培养为地方经济或区域经济服务的具有适应现场、基层、一线生产、服务、管理等方面专业能力的应用型人才；学科专业设置以地方经济发展需求或行业对人才的需求为导向；这些大学多以本科层次教育为主体，兼顾高等职业教育和少量研究生层次的教育。总之，学以致用、应用为本是应用型大学的办学定位。

2. 以地方或行业需求为导向的学科专业设置

应用型大学产生的历史背景和社会背景，决定了这些大学必须适应我国经济改革推动的产业结构变化与迅猛发展地方经济对人才的需求。因此，应用型大学的学科专业设置必须符合地方和区域经济的发展需求，做到学科专业布局合理，只有面向地方或行业的需求培养人才，才能保证专业的生源和专业建设的活力。

3. 以突出实践性教学和培养应用能力为主旨的教学体系

应用型人才的培养，要由应用型教学实现。应用型教学的显著特征是以能力为本位的教学体系，通过教学行为过程，使学生获得能适应基层工作岗位所需的知识、能力和素质。教学的本位和目标决定了教学体系的设计应该是：在保证学科知识传授的同时，必须强调专业能力的培养；不仅要保证课堂理论课程对现实经济技术发展所必需的信息要求，还要突出课堂实践课程对专业能力、工程技术、技术技能等实践性能力的培养。因此，在课程体系设置中，除了理论课程体系外，实践性教学体系在整个课程体系中占有特殊的重要性。

实践能力的培养应该作为主线贯穿于整个教学体系中。在教学设计中，能力的培养是设计重心；在理论课教学中，能否反映、启发和培养学生分析与解决问题的能力，以及能否适时地在理论教学中引入新思想、新技术核心的管理方法，是评价

理论课教学质量的重要指标；在毕业设计（论文）中，选题是否联系社会实际，是否具有应用价值，以及毕业设计作品（论文）能否反映学生运用专业知识解决实际问题的应用能力，是衡量毕业设计（论文）的重要判据。

4. 具有以应用能力和实践经验兼备的教师为主的师资队伍

教学是由教师完成的。应用型的教学体系，需要由具有应用能力和实践经验的教师进行设计与实施。既具有教学技能又具有实践经验的教师可以称为"双师型"教师，师资来源渠道的多元化是实现"双师型"教师队伍的有效途径。多元化的渠道包括：不仅可以从生产、服务、管理的一线岗位聘请具有教师素质的人员作为专职教师，还可以从社会的企事业单位聘请一批具有实践经验的人员作为兼职教师；另外，从教师中选派一批到企事业单位一线岗位进行实践性进修，使其提高实践应用能力。总之，能承担并实现应用型教学任务的师资队伍建设，是决定应用型大学办学定位和办学质量的关键。

5. 产学研合作教育成为常规的人才培养模式

在理论上，人们都承认并接受产学研合作教育是培养现代人才的重要途径。无论是应用型大学还是其他类型大学都在强调校企合作，推进产学研合作模式。改革开放以来，高等教育改革推进了各类高等学校的产学研合作教育，并取得了一定成效。不同的高等学校，根据自身的特点和教育需求，与社会、行业、企事业单位进行着不同方面的教育合作，有的侧重学生实习、实训、毕业设计和社会实践，有的则侧重科学研究、技术研发、教育培训。

（二）应用型大学的基本特征

应用型大学是伴随高等教育大众化而兴起和发展的新型大学。在国际上，特别是经济发达的国家和地区，高等教育早已有之。从20世纪中叶起，随着西方各发达国家进入高等教育大众化阶段，以工程教育为代表的高等教育在各国迅速崛起。美国有四年制工程教育，德国有应用科学大学，法国有大学校。它们在专业设置上侧重应用技术，重视实践教学，以培养各类高级专门人才为主。

可见，应用型大学是一种随着经济社会发展需要应运而生的新型大学，它与传统的研究型大学相比，具有比较明显的区别。当前，对"应用型大学"的定义虽不尽一致，但也表现出一些共同特征。

1. 教育目标突出应用型

随着高等教育大众化阶段的到来，应用型大学将培养目标调整为具有较强的社会适应性，一专多能，既懂得专业基础知识理论和基本技能，又掌握各种现代化工具的高素质复合型人才。

2. 人才走向基层化

当前，应用型大学本科毕业生的就业层次逐渐下移和基层化，博士研究生和硕士研究生从事了原先本科生从事的工作，应用型大学本科生则更多地来到生产、管理、建设的基层部门。因此，应用型大学培养的应用型人才具备为生产第一线服务的特点。

3. 教育内容和课程体系实用化

随着大众化教育进程中生源质量差异化、教育目标多元化和人才界定基层化的转变，应用型教育的教学内容和课程设置也随之发生变化。这些变化体现在以下几个方面。

（1）缩减纯理论性的教学内容，增加实践性、操作性强的教学内容。

（2）课程设置多样化，给学生更多的选择余地和空间，学生在选择组合方面由被动转为积极主动，学习时间也更加灵活多样。

4. 教学方式的多样化

过去高等学校的教学方式多采用传统的课堂讲授方式，而大众化应用型教育侧重培养具有较强适应性的基层实用型人才的理论应用能力和实际操作能力，因此除了传统的课堂讲授外，还要采用案例教学、模拟实验教学、分组研讨教学、项目教学、社会调研，以及社会实践等丰富多彩的教学方式，这样才有助于提高学生的实践能力，培养具有较强社会适应性的复合型人才。

四、我国应用型大学的分类

我国应用型大学萌芽于改革开放之初，兴起于 20 世纪 90 年代，在 21 世纪初得到迅速发展。应用型大学作为一种新的高等教育类型，经过不断改革和实践，不仅已经取得丰硕成果，而且在我国高等教育体系中具有不可替代的特殊战略地位和作用。

高等学校构成了地方院校的主体。从办学历程来看，应用型大学大致可以分为以下几类。

第一类是随着高等教育规模的不断扩大，在高等教育大众化的教育背景下，改革开放前成立的部分本科院校逐渐转型为应用型高等学校，如北京工商大学、上海对外贸易学院、郑州航空管理学院、西安工业大学等。

第二类是改革开放初期建立的本科院校，如 1985 年由北京地区 12 所大学分校组建而成的北京联合大学，是地方院校的一个代表；1985 年由上海交通大学机电分校和华东纺织工业学院分院组建而成的上海工程技术大学；还有 1986 年建立的宁波大学、1980 年成立的合肥联合大学。

第三类是由高等工程专科学校升格的本科院校。1949 年后，为满足经济社会发展对工程技术人员的大量需求，新建了一批高等工程专科学校。随着社会对更高层次工程人才的需求，这批高等工程专科学校纷纷在 20 世纪 90 年代或 21 世纪初升格为高等工程院校，如长春工程学院、黑龙江工程学院、徐州工程学院、杭州应用工程技术学院等。

第四类是由高职院校升格的本科院校。从 1998 年至 2007 年，我国新增设本科院校 211 所，如上海电机学院、上海应用技术学院、东莞科技学院等。

第五类是由高等师范专科学校升格的本科院校，这类本科院校除培养师范生外，还培养大量的非师范生。在教育类型上，以高等教育为主，如西安文理学院、临沂师范学院、绍兴文理学院、重庆文理学院等。

五、应用型大学的发展战略

（一）应用为本、校企结合的发展战略

应用型大学应坚持应用为本的发展战略。应用型不等于层次低，学校层次的高低不是由学校类型决定的，培养理论型人才的大学不一定就是重点大学、研究型大学。应用型大学可以培养理论型人才，研究型大学也可以培养应用型人才。历史证明，以应用为主的教育可以成为世界一流的教育。创建于 1861 年的麻省理工学院在当时只是一所技术学院，虽然后来增设了人文、社会科学等系科，但学院仍保持了纯技术性质的特色，"有用"始终是麻省理工学院的核心理念。斯坦福大学在 1891 年创建时就认为，大学不是搞纯学术的象牙塔，而是研究与发展工作的中心，"实用教育""创业教育"成为其办学的优良传统，在科学研究上它也更多地偏重应用或具有应用前景的课题。

对应用型大学来说，校企结合发展战略的根本意义在于，将学校的单一人才模式转化为校企合作、双轨培养模式，即从培养方案的制定到教学内容的选择，从教学时数的分配到教学方法的确定，从考试到毕业设计的选题、范式和评价标准等全部教学过程，不再是学校独家的运作，而是必须还有以人才培养为目标和指向的社会、企业直接参与。大学与企业合作的一个重要目的就是高等学校利用科研成果开展创业活动，企业为高等学校的科技成果、项目转化提供环境和多方位服务，使企业减少初始投资，降低风险，同时，企业的技术水平提高也促使高等学校进一步提高科研水平。

（二）为地方经济建设服务的发展战略

应用型大学一般由当地政府投资与管理，必然服务于地方经济建设，服务地方是其存在的基本前提和价值体现。服务地方经济建设也有利于高等学校在管理体制、运行机制、专业设置、资源利用等方面进行深入改革，不仅要注意研究国家经济政策的变化，还要研究与地方高等学校技术优势相匹配的技术市场的变化。

（三）培养复合型应用型人才的发展战略

当前，在我国高等教育迈向大众化建设阶段的时候，也出现了对有关质量问题的种种质疑。

随着我高等教育大众化阶段的到来，我们必须重新审视今天的高等教育，树立新的高等教育质量观，其最显著的特点是质量和质量标准的多样化。从传统到现代，教育质量观转变的主要标志是 1998 年联合国教科文组织在巴黎召开的首届高等教育大会。在此之前，各国对高等教育质量观的认识仍然停留在传统意义上；在此之后，各国则普遍认同了联合国教科文组织新的界定：高等教育的质量是一个多层面概念，在确定国际公认可比较的质量的同时，对国家、地区和学校具体情况予以应有的重视。

第二节　高等教育发展的理论基础

随着我国高等教育向大众化教育阶段的过渡，多样化已成为我国高等教育发展的主要特征，介于研究型大学和职业型院校之间的地方本科院校，逐步成为我国高等教育体系建构中不可替代的中坚力量。研究和探索高等教育的起点范畴、特征与发展模式，正是大众化背景下高等教育多样化发展和建设高等教育强国不可回避的重要理论课题。本章主要从高等教育的起点范畴与特征出发，探讨发展高等教育的战略意义。

一、高等教育的起点范畴与特征

范畴是人的思维对客观事物普遍本质的概括反映，任何一种科学理论都是一个范畴体系，科学理论就是通过范畴体系揭示其研究的全部对象的。范畴水平的学理研究涵盖独特的研究范畴、学科体系和研究范式，其中，逻辑起点范畴的形成表征了人们对客体认识更深刻的理论水平，是理论范畴体系建构的基础和学科趋于成熟的标志。尽管目前有关高等教育逻辑起点的讨论并未实质性地展开，但是梳理相关研究不难发现，代表性的观点主要有三种：专业性应用教育起点论，技术教育起点论，应用型教育起点论。这些观点相近而有出入，观点出入的深层因素源于逻辑起点的认识差异，反映出现有研究水平尚处于前科学时期，还有待实证层面研究的深入，并逐步走向理论水平研究的成熟阶段。应当看到，不同逻辑起点的理论体系并存是可能和必要的；但是，在研究过程中应将逻辑起点与研究起点区分开来。研究起点是现实的感性具体，逻辑起点则是抽象的存在；研究起点是整个研究过程的直接前提，逻辑起点则是作为研究结果的整个逻辑体系的开端。逻辑起点作为一门科学或学科认识的起始范畴，其客观规定性要求它不能随人的价值取向的变化而更迭，随人的理论视野的差别而嬗变。因此，我们有必要首先确认高等教育起点概念的内涵，以界定高等教育的基本特征，形成比较合理的学术语境和理论导向。

（一）高等教育的起点范畴

逻辑起点作为理论研究逻辑结构的起始范畴，有助于厘清理论体系的基本脉络，进而理解学科间的本质差异，划清学科独到的研究范畴。黑格尔在其《逻辑学》中对逻辑起点提出的三条规定性，迄今仍为研究者广泛认同：一是逻辑起点应是一门科学或学科中最简单、最普遍、最抽象的范畴，并且是一个起始范畴；二是逻辑起点应揭示对象的最本质规定，内在地蕴含着本学科体系发展过程中一切矛盾的"胚芽"，即逻辑起点能作为整个学科体系赖以建立的根据、基础，展示具体而丰富的未来趋向，演绎出一系列的后继概念；三是逻辑起点应与它反映的研究对象的历史起点一致，应在历史起源上凝结为理论叙述起点的逻辑范畴，体现历史与逻辑相统一的原则。众所周知，马克思的《资本论》正是从"商品"这个最简单、最抽象的逻辑起点出发，展开关于资本主义经济形态论述的典范——马克思证明资本主义经济的全部多样性都以胚芽的形式存在于"商品"之中。借鉴《资本论》对"商品"范畴的分析与规定性，逻辑起点还应具备这样两个特征：一是逻辑起点应与研究对象保持一致性，进而形成奠定其他范畴的基石和轴心价值的中心范畴或逻辑基项；二是逻辑起点同时能以"直接存在"的形态承担一定的社会关系。正如《资本论》中的"商品"这一范畴，除反映其效用价值外，同时也反映了商品交换的社会价值，两种价值属性天然并存，缺一不可。

基于这一认识，我们认为，高等教育的逻辑起点应是专业性应用教育，即高等教育应是"建立在普通教育基础上的应用型专业性教育"。这是因为，从这一逻辑起点出发，通过专业性应用教育规律、专业性应用教育原则等中介概念，可以到达"高等教育"这个核心概念，最后到达逻辑终点：专业高等教育的目的、培养模式及其实现途径。整个过程遵循从抽象上升到具体的逻辑思维方法，由最基本、最普遍、最抽象的起始范畴逐步展开，层层推演至较具体、较全面、内涵较丰富的终点范畴，构成严谨的范畴体系。

首先，从高等教育的性质来看，高等教育是建立在普通教育基础上的专业性教育，以培养各种专门人才为目标。专业性教育代表了高等教育的根本属性和本质特点。由于高层次专门人才的类型是多样的，既有学术研究型、工程研究型，也有工程应用型、技术应用型，高等教育作为一种专业性教育，既可以是精英学科型专业性教育，也可以是大众应用型专业性教育。就目前的中国高等教育而言，精英高等教育与大众化高等教育同属于普通教育基础上的专业性教育，它们代表着高等教育的两个分支，代表着高等教育的两个发展方向，高等教育学科的一些基本理论和原则对它们是共同适用的。依据联合国教科文组织 1997 年修订的《国际教育标准分类法》，尽管学科型专业性教育与应用型专业性教育同属 5A 类阶段的普通高等教育，目的是使学生进入高级研究项目或从事高技术要求的专业，但两者存在培养方向与职能方面事实上的差异。学科型专业性教育类属 5A1 型，侧重按学科分类，一般是为研究做准备的；应用型专业性教育则类属 5A2 型，侧重按行业分类，一般是从事高科技要求的专业性教育。依此分类，应用型专业性教育应是位于学科型专业性教育（5A1）和职业型教育（5B）之间的第二类型的专业性应用教育（5A2），这种教育面向上以行业性为主导，性质上以专业性为主线，类型上以应用型为主体，层次上以教学型为主流，模式上以实践性为主载，与侧重学科性教育的普通大学教育同型异质，本质上应是建立在普通教育基础上的本科层次的应用型专业性教育，其特性是结合学科和行业分设专业，培养面向社会一线的专业应用型高级专门人才。因此，高等教育的性质决定了专业性应用教育能作为最基本、最普遍、最抽象的起始范畴，揭示其异于学科性或职业性专业教育逻辑起点的"最本质规定"。尽管技术教育、工程教育乃至应用型教育这些概念范畴，也能在一定程度上揭示研究对象的本质规定，但作为起始概念范畴，它们要么内涵偏窄，要么外延泛化，难以具备高等教育起始范畴的最基本性、最普遍性和最抽象性。

其次，从高等教育的价值取向来看，虽然专业性和高深性是高等教育的基本价值属性，高深的专门知识（expertise）是研究高等教育一切问题、一切现象的逻辑起点，但就应用型专业性教育与学科型专业性教育错位发展的价值取向而言，学科型专业性教育强调基础性、广博性、普适性和非职业性，应用型专业性教育则强调专门性、针对性、实践性和行业性。按照薛天祥教授的观点，专业是根据学科分类和社会职业分工需要分门别类进行高深专门知识教与学活动的基本单位。专业是相对于学科分类和社会职业分工而言的，学科分类和社会需求是专业形成的重要依据。学科有其特定内涵："一是学术的分类，指一定科学领域或一门科学的分支（discipline），如自然科学中的物理学、生物学，社会科学中的经济学、教育学等；二是教育的科目（subject）。"不论是哪一种"学科"，学科性质都是系统的知识分类体系，而专业则是高等学校培养专门人才的基本教育载体；学科是一个知识范畴，专业是一个教学范畴；学科指向专门的科学研究，专业指向行业或职业分工；学科发展以知识的发现和创新为发展目标与价值取向，专业建设以培养满足社会需求的专门人才为目标导向。这是不同类型高等学校内部学科发展与专业建设各自最本质的特征。应用型大学的学科专业建设，不仅强调有成熟的学科和比较完整的学科体系作为支撑，还要求有稳定的行业需求和职业岗位作为基石，强调以培养专业应用型人才为宗旨、以专业建设为重点、以学科建设为依托，一手抓专业建设，一手抓学科建设，侧重以行业背景分析和专业走向为基础，针对职业岗位群的实际需要，设置具有行业针对性和适应性的专业结构群，并以此构建专业应用型教育人才培养体系，建构以学科带头人为龙头的专业教育团队，形成关键性的持续竞争优势。因此，按照应用型专业发展的基本规律，由"专业性应用教育"可以引申出专业应用型教育理论与实践体系的全部内容，并有效形成专业应用型教育体系的逻辑链：从逻辑起点——专业性应用教育，经过专业性应用教育规律、专业性应用教育原则等逻辑中介，最后到达理论体系的逻辑终点——专业应用型教育的目的、培养模式及其实现途径。可见，"专业性应用教育"能作为高等教育其他概念范畴的逻辑基项，成为整个理论体系赖以建立的根据、基础，展示具体而丰富的未来趋向，演绎出一系列的后继概念。

最后，从高等教育的源流来看，随着社会专业分工的细化和职业的演变，"专业性应用教育"应是相伴培养专门职业人才的专业性教育机构而较早形成的历史概念。从西周时期的大学"辟雍"，到古希腊的"阿卡德米学园"；从战国时期的"稷下学宫"，到中世纪波隆那大学的建立，早就存在为社会培养官宦、辩士、医生、法官和牧师的专业性应用教育。中世纪大学的办学模式，一开始就带有一定的专业应用性。中世纪大学的基本目的是专业教育，时代要求大批受过良好教育的人以满足其需求，大学接受了这一任务。法律、医学、神学和艺术都是需要有能力并受过教育的人从事的专业。专业教育的目标就是培养能胜任专业工作的实践者。在中国，尽管"重道轻艺"成为主流价值观，但"工欲善其事，必先利其器"的"器善观"，仍随着"六艺之学""畴人之学"而延续千古。从中世纪的大学到近现代的高等专门学院及我国的京师大学堂，高等教育经历了漫长的历史过程，但是"基于应用、讲求实务"，广育专业性应用人才，一直是它主要的社会职能。

如今，随着经济与科技尤其是新兴产业的快速发展，为弥补现有高等教育体系在人才培养和专业分布方面的不足与缺陷，保证人才培养结构的均衡和国家竞争力的增强，世界发达国家和地区大力发展高等专业学院或多科技术学院，这些专业性学院与普通综合大学并存和互补，共同构成普通高等教育体系的两大支柱，呈现出普通高等教育专业应用型发展的基本走势。可见，"专业性应用教育"作为逻辑起点能以"直接存在"的形态，在历史的源流上凝结为理论叙述起点的逻辑范畴，与其反映研究对象的历史起点一致。

（二）高等教育的基本特征

综上所述，专业性应用教育代表了高等教育的根本属性和本质特点，其与学科型专业教育或职业型专业教育"本质规定性"的差异在于，这类教育结合学科和行业分设专业，培养面向社会一线的专业应用型高级专门人才，其面向上以行业性为主导，性质上以专业性为主线，类型上以应用型为主体，层次上以教学型为主流，模式上以实践性为主载，与侧重学科教育的普通大学教育同型异质，本质上应是建立在普通教育基础上的本科层次的应用型专业性教育。专业性应用教育突出强调专门性、针对性、实践性和行业性，其定"向"在行业，定"性"在专业，定"型"在应用，定"位"在教学，定"格"在实践，具体体现为如下五个方面基本特征。

1. 高等教育是以行业性为主导的教育

行业指向性是高等学校服务面向的主要特征，也是高等学校办出特色的根本途径。高等学校大多具有行业办学的传承优势，在隶属地方管理后，其办学的空间区位性或地方适应性得到强化，而办学的行业指向性或产业对接链却逐渐弱化，致使没有行业纵向性支撑的区位横向性服务，因为缺乏支撑点而变得十分空泛盲目，人才培养与科技服务之间找不到合理的专业结合点，往往背离专业性应用教育而与传统的学科型本科教育趋同。因此，遵循高等教育的外部关系规律，高等学校不仅要立足地方，还要着眼行业，应在更合理的区位行业性背景内，强调专业布局适应行业特征、人才培养适应行业需求、科技服务适应行业功能，建立行业指向性明显的需求驱动型发展模式，形成与本地区产业、科技和社会文化协调发展的机制，拓展特色办学的广阔发展空间，提高对地方社会经济发展的辐射力和贡献率，因地制宜地实现高等教育与区位经济社会的协调发展。尤其是不同地区的高等学校，应当从自身所处的区位差异、地域特色和行业发展的特定结构、特定背景出发，对办学目标体系中的各项指标，科学地、恰当地、实事求是地定位，而不能脱离本地区的行业发展实际，不顾学校自身的综合实力，盲目追求高层次、高水平、高指标。

世界各国高等教育的办学实践表明，高等学校只有融入行业要素和标准，切实加大行业参与的强度和深度，其发展才会有生命力。在法国，大学校与行业日趋紧密的联系在改革中发挥了至关重要的作用。学校在开设专业课、实验课和实习课的基础上，通过毕业设计和生产实习的学程模式延伸专业教育链，加强与行业和企业界的渗透及融合，形成独特的专业教育特色。与此同时，法国工程师职称委员会每年公布一次授权颁发工程师文凭的学校名单，目前已有170多所大学校被授权颁发科技类工程师文凭，学生毕业时，不仅能获得毕业证书，还能获得行业权威机构的专业资格证书；毕业证书与专业资格证书两证挂钩，加强专业教育的行业性，是法国大学校在办学过程中，注重与行业和企业界紧密联系并赢得办学成功的最好写照，也是大学校毕业生比较抢手的重要秘诀。德国的高等专业学院大多设在中小城市及偏远地区，其专业课程设置也与当地的人文、地理、行业结构密切相关，例如，在大众汽车集团总部所在地沃尔夫斯堡（Wolfsburg）开设汽车高等专业学院，在河海港口城市开办航运、船舶制造高等专业学院。这些专业学院十分注重与行业企业的合作，由行业企业主导整个实践教学过程，行业企业始终参与整个人才培养过程。这不仅加深了专业性人才培养的行业与地方背景，加强了高等学校与社会相关行业企业的对接，而且从地方社会经济发展的规划布局来看，有利于本地区产业结构和人力资源结构的优化，提高行业性就业能力和国民人均收入，从而进一步拓展学校发展空间。

可见，高等教育主要面向地方，为行业培养人才，只有充分适应地方行业经济增长方式转变和产业结构调整优化的需要，紧密结合地方社会经济发展特性和行业需求来确定应用型专业教育方向，才能使培养的人才与地方社会经济发展相适应，并切实发挥好对地方优势行业和支柱产业的重要支撑作用，实现高等教育与地方社会经济的协调发展。

2. 高等教育是以专业性为主线的教育

如前所述，专业是基于学科分类和社会职业分工的、高等学校培养各类高级专门人才的基本单位，专业性教育代表了应用型教育的根本属性和本质特点。高等教育在本质上应是建立在普通教育基础上的本科层次的专业性应用教育，从而显示其异于职业型专业教育或学科型专业教育的"最本质规定"。比较而言，职业型专业教育属于定向于职业岗位并更加体现职业针对性的 5B 层面的职业技术教育类型，强调专业定向与职业方向的紧密联系，注重贴近社会生产实际和职业分工，侧重以与工作流程相适应的职业能力为主线，突出专业设置的职业性属性，更加突出职业岗位的接口性和就业的针对性，主要培养处于生产一线或社会劳动终端的技术型和技能型人才。学科型专业教育属于定向于科学研究或工程研究领域并更加体现学术倾向性的 5A1 类型的学术型高等教育，强调专业定向与学科研究方向的紧密联系，侧重以与基础研究相适应的学术能力为主线，注重专业设置的学科性属性，更加突出理论知识的基础性、广博性、普适性和非职业性，主要培养将客观规律转化为科学原理、致力科学研究的学术研究型人才，或将科学原理转化为工程原理、致力规划设计的工程研究型人才。应用型专业教育与侧重学科教育的普通大学教育同型异质，属于定向于工程应用或技术应用领域并更加体现行业适应性的 5A2 类型的应用型高等教育，强调专业定向与行业走向的紧密联系，侧重以与工程技术等应用领域相适应的专业能力为主线，注重专业设置的行业性属性，更加突出专业教育的专门性、针对性、实践性和行业性，主要培养将工程原理应用于社会实践、侧重工程管理和应用的工程应用型人才，或将技术原理应用于生产实践、侧重技术开发与现场管理的技术应用型人才，人才培养的特点主要是指向职业带中的 CF 区域，即技术员与工程师的交叉区域，旨在适应高科技应用和智能化控制与管理一线工作要求，培养兼具专业性和通识性的本科层次的技术工程师、技术师、经济师、医师等专业应用型高级复合人才。

高等学校的专业教育是同时基于学科背景和通识教育的专业性教育，其专业内涵与专业结构既强调较强的专业应用型，又具备适度宽厚的学科基础；既有突出行业背景的应用型专业作为坚实平台，又有一定学科背景的宽口径专业或体现应用特征的主干学科和相关学科作为有力支撑，如机械工程及自动化专业的人才培养，既应有电子科学与技术、计算机科学与技术、经济学、管理学等多种相关学科的平台性支持，也应有力学、机械工程等主干学科的基础性支撑。应用型专业教育培养的人才同样是"具有创新精神与实践能力的高级专门人才"（《中华人民共和国高等教育法》第五条），具备运用宽厚扎实的学科基础理论解决实际问题的较强能力。因此，一方面，高等学校的专业教育必须注重专业结构优化，对基础学科专业应在保护的前提下进行应用型方向改造，对产业技术含量高的通用型专业应加强宽口径整合和专业群建设，对培养新型复合型专业性应用人才的交叉型专业应优先发展，对能为地方经济发展特别是地方产业升级和支柱产业发展提供重要人才支撑、技术支撑的应用型专业应重点加强建设，倾力打造成优势专业和特色专业；另一方面，高等学校的专业教育必须按照教育部规定的"培养基础扎实、知识面宽、能力强、素质高的高级专门人才"的总体要求，构建独具特色的专业应用型人才培养方案，着力促进专业应用型人才培养模式的整体改革。

3. 地方本科院校是高等教育的主体

在高等教育多样化和大众化的背景下，出于对地方本科院校在高等教育体系中异质化发展的思考，"高等学校""工程型本科""技术型本科"等类型概念应运而生。事实上，关于地方本科院校的类型归属问题一直存在一些争议，争议的焦点在于：其一，依据人才类型二分法划分，将本科教育简单地分为学术型教育和应用型教育并不科学，高等教育体系应由科学教育、工程教育和技术教育三种教育类型组成，分别以科学型、工程型和技术型人才培养为主要目标；其二，人才类型与教育类型并不存在直接对应关系，培养本科层次的应用型人才是所有高等教育类型的主要目标但不是唯一目标，应用型人才的培养目标可以通过多种教育类型、多种途径完成和实现。我们认为，单纯将地方本科院校定位为"高等学校"，尽管类型上能体现与学术型本科的错位发展，但外延的确过宽，难以定性类型结构和教育属性，并明显区分相关教育类型。定位为"工程型本科"或"技术型本科"，外延又显得比较狭窄，可能适合某一本科院校的校情，却难以涵盖地方本科院校多元教育类型，而且极易模糊学术型教育与应用型教育的内在属性和价值指向。这里，尤其要对教育的"应用型"与"应用型教育"进行严格的逻辑区分。应当看到，"应用型"是所有高等教育类型都存在的基本属性，但不能简单地认为具有"应用型"的教育就属于"应用型教育"。教育类型划分主要是依据人才类型的内在属性与价值指向，如果学术型教育主要指向应用型人才的培养，或应用型教育主要指向学术型人才的培养，其性质和类型就将发生质的改变。尽管目前各类人才类型的边界日趋模糊，人才之间的重叠交叉日益拓宽，各类高等学校实施单一教育类型和人才培养类型的情形比较少见，但这种类型的重叠交叉应是基于非本质扩展特征的，本质上并不能颠覆或覆盖不同教育类型和人才类型的主导地位与核心价值属性。

基于上述分析，我们倾向于二维界定法，即从高等教育的性质与类型这二维来界定地方本科院校所属的教育类型。首先，专业性代表了高等教育的根本属性，而高等教育既可以是侧重学科性的专业性教育，也可以是侧重应用型的专业性教育，两者存在职能属性与培养方向事实上的差异，学科性的专业性教育以研究高深学问、培养高层次研究型人才为标志，应用型的专业性教育以满足多样化社会需求、培养高素质应用型人才为标志；地方本科教育主要定位于应用型的专业性教育，这种教育与侧重学科性研究的普通大学教育同型异质。其次，依据"学科性"或"应用型"的主导性价值取向，高等教育类型通常分为学术型与应用型两大类：学术型教育作为上位概念，涵盖学术研究型、工程研究型和技术研究型教育；应用型教育作为上位概念，相应涵盖学术应用型、工程应用型和技术应用型教育，其间主要存在类型指向和性质差异。按照国际教育分类标准，学术型或研究型高等教育（含工程科学教育）类属 5A1 型学科性研究型的高等教育，工程应用型和技术应用型高等教育则类属 5A2 型专业性应用型的高等教育；高等教育主要类属介于学科性研究型教育（5A1）和职业性技术型教育（5B）之间，涵盖工程应用型和技术应用型教育，以本科层次为主的第二类型的专业性应用型教育（5A2）。因此，其教育类型定位应以专业性为特征，以应用型为主体。

4. 高等教育是以教学型为主流的教育

参照美国卡内基教育促进基金会的大学分类，我国本科院校的流程结构一般可分为研究型、研究教学型、教学研究型和教学型四个层级，前两级以研究生教育为主体，或本科生教育与研究生教育并重，侧重基础研究和科技创新；后两级以本科生教育为主体，辅以研究生教育，侧重应用研究和科技服务。高等教育流程结构反映高等教育的发展水平和多样化发展的必然走势，它在很大程度上是由国民经济的技术结构、产业结构与社会结构决定的。尽管学术型大学和应用型大学都可以基于所属类型，实现由教学型大学向研究型大学的层次攀升和跨越，但这种攀升和跨越必须遵循高等教育发展的内部与外部规律，必须基于教育资源的传承优势和核心能力，基于自身学术资源的积累和社会人力资本的需求。在高等教育多样化和大众化的背景下，现阶段高等学校必须承担高等教育大众化的任务和培养"数以千万计的"专门人才的重要使命，承担培养专业应用型高级专门人才、服务区域社会经济发展的神圣职责，应安于"应用型为主"的类型定位和"教学型为主"的层级定位，着眼价值理性和特色创建的战略层面，以培养社会急需的专业应用型高级专门人才作为办学核心价值和终极追求，探索大众化高等教育的新范式，形成关键性的持续竞争优势，以真正超越学科型教育的专业高等教育模式，引领学校把握流向，错位发展，办出水平，彰显特色。

以教学型为主的本科院校，首要特点在于确立教学中心地位，以专业性人才培养模式体现应用型教育的鲜明特色。人才培养模式集中体现了教育思想和教育理念，从根本上规定了人才培养的特性和方向，是培养目标、培养方案、培养途径、培养方式等要素的综合体现和规范模式。高等教育的人才培养模式，其培养目标与质量规格在达成本科教育要求学业标准的同时，应充分体现工程应用型与技术应用型专业人才的特殊要求，侧重以与工程、技术应用领域相适应的专业应用能力为主线，按照通识教育与专业教育相渗透、理论教学与专业实践相结合的原则，构建专业能力和素质拓展并举、以创新精神和实践能力培养为重点的理论教学体系、实践教学体系与素质拓展体系。其培养方案的制定，应处理好学科建设与专业建设、通识教育与专业教育、理论教学与实践教学、基础课程与专业方向的关系，更加注重应用型课程体系与教学内容的整体优化，使课程体系成为专业应用型人才培养的有机整体，从根本上改变传统学科导向型的课程模式，探索应用导向型的"学科基础平台＋专业模块平台＋素质拓展平台"一体化课程模式；培养途径也应有多样性的选择，分段培养、学程分流（如"3+1"模式、"2+2"模式）、实习实训、产学结合、弹性学制等培养方式与制度的改革，应贯穿人才培养全过程，以切实创建专业应用型人才培养模式的实践范式和大众化高等教育的特色范式。

以教学型为主的本科院校，应同时重视学科建设和科研效能。大学是以学科为基础建构起来的学术组织，学科是承载教学、科研和社会服务的基础，是地方本科院校提升人才培养和科学研究水平、开发专业建设优质资源的重要基础，是学校增强核心竞争力、形成办学实力的显著标志。地方本科院校应以培养专业应用型人才为目标，以专业建设为基石，以学科建设为支撑，以队伍建设为关键，切实开展应用研究和科技服务，形成关键性的持续竞争优势。

5. 高等教育是以实践性为主导的教育

高等教育实现与学术型大学错位发展的关键，在于传承其重视和强化实践性教学的原有优势，创建高等教育独具特色的实践性教学体系。但有的学校"专升本"后盲目照搬学科性教学体系，实践性教学功能反而弱化，实践性教学环节的组织缺乏连续性、系统性和衔接性，缺乏专门的实践性教学规划、管理和评价机制。实验课或依附于理论课程，或成为理论教学的辅助手段；实验内容以演示型和理论验证型为主，缺乏设计型、工艺型、综合型和创新型实验；实践教学设施及基地建设滞后，产学研合作教育机制不健全；实践型教学人员缺乏"双师型"素质的专兼职师资力量等。总之，现行的实践性教学水平和条件不足以满足高等教育专业性人才培养的要求，因此，必须对现行的实践性教学组织和管理模式进行改革与创新，必须建构具有专业高等教育特色的实践性教学体系。

实践性特征体现在专业高等教育的全过程，这是由专业高等教育的本质内涵和错位发展目标规定的。高等教育要承担以培养创新精神和实践能力为重点的专业应用型高级专门人才的教育任务，其主要载体或途径在于加强实践性教学，构建与理论教学体系紧密联系的实践性教学体系。如前所述，专业高等教育视域中的人才培养体系包括理论教学、实践教学和素质拓展三大体系，尽管这三大体系的功能和实施重心不同，但强调实践性教学、培养"基础扎实、学以致用"的专业性人才是其共同元素和关键取向。

实践性教学是专业应用型人才培养工作不可偏废的重要组成部分。高等教育要想有效培养学生的实践能力，就必须加大实践性教学的比重，强化实验课教学、实习与实训教学、课程设计或社会实践、毕业设计或毕业论文等实践性教学环节，通过实践性教学的系统严格训练，加强与工作体系、工作过程的对接性，以提高人才的专业应用能力、开发设计能力、技术创新能力和综合职业素养，切实增强人才培养的专业应用型核心竞争力。实践性教学的重要途径是突出产学研合作教育。潘懋元先生认为，产学研合作的深层次意义在于，它不仅是高等教育的方针政策，而且是现代社会发展的普遍规律，是培养应用型人才、提高教育质量的重要途径。其中，"学"主要是传承知识，"研"主要是创新知识，"产"主要是应用知识，三者本质上都是知识运行的活动形式，存在相互依存的关系和内在本质联系。产学研结合教育重在发挥实践性教学的主导性，实现应用型人才培养计划与行业企业用人标准的融合对接，以合作教育为切入点，以人才培养为根本点，既有针对性地培养极具行业企业特征、极富实践能力的专业应用型人才，也更便捷地为企业提供科技服务，更充分地发挥校企各自优势，实现校企资源共享和双赢目标。其基本特征为：在目标定位的适应性上，主要以培养学生的实践能力、专业能力和就业竞争力为重点；在功能定位的互补性上，主要整合学校和社会两种教育环境与资源优势，实现间接教育环境与直接生产环境的融合；在模式定位的延展性上，主要体现为产学合作、工学交替、定向培养等多种实践模式，并注重在地方政府的主导和支持下，与行业企业合作共建开放性、多功能的实践性教学基地和科技服务平台，在为行业企业提供科技服务和智力支持的过程中，培养应用型专门人才。

二、发展高等学校的战略意义

随着社会经济产业结构的调整，技术发展速度加快，并不断向综合化方向发展，这对学生学习能力的提高、学位层次的提升都提出了新的要求与挑战，而只注重操作能力和单一技术、忽视理论基础的高职高专与只注重理论知识、忽略动手操作能力培养的传统本科院校，都无法满足科技发展的需要，因此，培养理论知识与实践技能兼备的复合型人才的高等学校必将成为大学的重要类型之一，成为高等教育系统的重要子系统，而且无论从理论视角还是从国内外高教发展实践来看，发展高等学校都具有重要的战略意义。

（一）高等学校是对学术性与职业性二元对立状态的终结

从办学层次（本科层次）和人才培养类型（注重应用型）两个维度来看，高等学校多是指将自身办学类型定位于教学研究型，将人才培养目标定位于培养直接面向市场和生产第一线的高级工程应用型人才的服务应用型普通本科高等院校。"高等学校"概念的提出，是对原有学术性与职业性二元结构的突破，它打破了学术性与职业性的二元对立状态，确立了应用型的地位。可以说，从学理上来讲，高等教育学术性与职业性的内涵并不截然对立，两者也并无优劣之分、崇高与低下之别。学术性是大学对纯学术、纯知识等目标追求的一种倾向，职业性是大学对知识的技术性或应用型等目标追求的一种倾向。但是，在我国，学术性与职业性已经成为对立的两极，而且两者的对立已经异化为学历层次高低的差异，职业性院校不允许办本科，仅仅局限在专科层次，而学术性院校则集中在本科和研究生层次，尤其侧重研究生教育。作为教育实践中的两种偏向，两者之间还存在诸多过渡或中间状态，在教育实践中，两者是可以有机结合的，比如，可以在同一所机构中实现完美的结合。关于大学的分类，联合国教科文组织在其《国际教育标准分类法（1997年）》中就把高等教育分为第一阶段（相当于专科、本科和硕士研究生阶段）和第二阶段（相当于博士研究生阶段），而第一阶段又分为理论型（5A）和实用性、技术型（5B）两大类，其中，5A相当于我国的大学本科教育，既包括为研究做准备的学科理论类（如历史、哲学、数学等）5A1，也包括以从事高技术要求为方向的专业理论类（工、农、医等）5A2，参考联合国教科文组织的分类，在国际上，特别是在经济发达国家和地区，高等教育早已存在。美国另有一种与工程教育相区别的工程技术教育，两者都有本科；德国的高等专科学校，培养的也是应用型人才，其水平相当于我国的本科教育；在新加坡及我国的台湾地区，高等教育都已具有相当规模。结合我国现状，5A1 类院校对应的是综合性研究型大学，5A2 类院校对应的是多科性或单科性专业大学或学院，5B 相当于我国的高职高专教育，介于研究型大学（5A1）和职业型院校（5B）之间的 5A2 类院校就是高等学校。

综合上述分析，无论是从学理上，还是从我国目前的院校类型和办学层次来看，我们认为，高等学校就是打破高等教育系统学术性（研究型大学）与职业性（高职高专）传统两极力量的中间状态。具体从学理上来讲，高等学校调和了学术性与职业性的对立状态，实现了理论与实践、学术性与职业性的完美结合；从实践层面来看，高等学校调整了高等教育的类型结构，明晰了院校定位，促使高等教育结构向科学化、合理化方向发展。

（二）高等学校是对"重文法、轻理工"高教模式的调整与纠偏

从历史上来看，我国大学教育的应用型一直存在着，从 20 世纪之初经学的衰落，法政、工商、医、农等学科的流行，到民国时期高等教育通向农村的一系列试验，再到延安时期教育与实际的统一，这些都表明我国大学教育的应用型，教育与生产劳动和生产实践结合得十分紧密。中华人民共和国成立后，我国高等学校文科类专业、理科类专业的培养目标几经变化，都逐渐向应用型过渡。如文科类专业的培养目标，就经历了从主要培养"干部"到主要培养"专家"，再发展到主要培养"实际工作者"这样一个变化过程。而工科类专业，工科类院校（高等工业学校）一直比较重视应用型人才的培养，综合人才培养的目标、类型来看，工科类院校（高等工业学校）就属于高等学校，而且从 20 世纪 50 年代到 80 年代，工科类院校几乎是我国高等学校的主体。以当时新型的多科性工业大学——清华大学为例，1954 年高教部发布的《关于清华大学工作的决定》中明确规定，清华大学的其中一个任务就是培养具有较高水平的设计、施工和管理的工程师。在数量方面，20 世纪 50 年代初，在全面学习苏联的大背景下，我国进行了院系调整，并按照生产部门的业务成立了大批单

科型院校，如工科类、农林类等院校。由于当时我国走的是以重工业为中心的工业化发展道路，国家还重点发展了一些工科类院校。1953 年，全国 181 所院校中有 38 所工业院校，是单科类院校中最多的一类，而综合大学只有 14 所。工科类院校不仅数量众多，培养目标明确，而且其地位非常重要。从 1954 年第一批全国重点院校确立之日起，直至 20 世纪 70 年代末，应用型较强的工科类院校一直在重点高等院校中占有较大比重，从人才培养层次来看，通过查找相关文献资料，我们发现，这些工科类院校培养的学生多集中在本科层次，但也有少量的研究生层次和专科层次。作为一种院校类型，工科类院校是对旧中国"重文法、轻理工"高教模式的一次重大调整，奠定了其在高等教育体系中的地位，并培养了大量的应用型人才，为我国的经济社会建设做出了巨大贡献。只是随着大学朝综合化方向发展，工科类院校也逐渐成为综合性大学，尽管其工科仍颇具实力，但规模的急剧扩张还是不同程度地掩盖或削弱了其工科优势。

高等教育大众化以来，"高等学校"的提法和称谓开始走进公众视野。这具有深刻的历史背景。（1）伴随高等教育宏观管理体制的改革，原本隶属中央部委的部分工科院校被下放到地方，变为地方管理，并利用其优势学科和特色学科服务地方。部分工科类院校要么被合并，要么新设大量文、法、商等专业，逐渐朝着综合性、研究型大学方向发展，"重理论、轻实践"的倾向突出，失去了高等学校理应具有的"应用型"，大学毕业生结构性失业矛盾加剧。（2）多由高职高专或高等师范学校升格而来的地方新建本科院校逐渐失去其专科时的特色，专业设置求大求全，朝综合化方向发展。（3）高职高专院校虽然比较重视人才培养的应用型，但因层次较低，学生理论素养不高。因此，无论是人才培养类型，还是层次，上述三类地方院校都不能很好地满足社会，尤其是区域经济建设和社会发展对高层次应用型人才的需求，同时，因培养的人才缺乏与社会的良性互动，而制约了学校自身的健康发展。与上述院校形成鲜明对比的是，20 世纪 80 年代，一些重点大学的分校，如由北京大学第一分校和中国人民大学第二分校合并成的北京联合大学应用文理学院等就提出了"发展应用型教育，培养应用型人才，建设应用型大学"的办学宗旨，实现了专业由基础研究型向应用复合型的重大转变，走出了一条符合高等教育发展规律、适应社会需要、具有自身特色的办学道路，赢得良好的社会声誉，对地方院校的发展起到了引领和表率作用。

我国区域和地方产业结构非均衡化发展战略的实施，以及高等教育管理体制改革的深入，为高等学校的发展提供了重要契机。特别是，在高等教育大众化的时代，为了适应我国区域经济发展需要，再加上一些高等学校的表率作用，地方新建本科院校开始主动或被动转型，大力发展高等教育，以赢得更大的生存发展空间，并收到良好的社会效果。从人才培养类型和层次来看，作为高级应用型人才培养任务的主要承担者，高等学校成了区域经济发展的主要推动力量；从毕业生就业情况来看，高等院校还大大缓解了人才的结构性失业等矛盾。目前，我国的高等学校队伍也越来越庞大，随着我国高等教育大众化进程的加快，尤其是 1999 年实行高等学校大扩招以来，为满足日益多样化的社会需求，1999—2008 年，教育部先后批准建立了 208 所普通本科院校，使我国本科院校达到 720 所，其中，新建本科院校占到本科院校总数的 28.89%，而且基本上是从单一的高职高专"专升本"或几所院校合并而来的，具有行业办学特色；有的是经过合并从高等专科学校升格而来的，多为多科性院校；有的则是高起点的本科层次的大学分校。其中，一些高等学校还是原来的全国示范性高等工程专科学校，有其突出的办学特色和明显优势。

（三）高等学校建设是与国际接轨、提高国际竞争力的战略需要

从世界高等教育的实践与发展来看，高等学校建设也是我国本科教育与国际接轨，提高我国高等教育国际竞争力的战略需要。20 世纪 90 年代以来，世界高职领域出现了一些共同趋势，其中，最引人注目的变化之一就是一些发达国家和地区的高职院校纷纷升格为科技大学或应用科技大学等，但高职升格后的发展道路不尽相同。职业教育发展比较成功的德国、芬兰仍然继承高职教育特色，走高等学校之路。如 21 世纪伊始，德国出现部分高等专科学校升格为科技大学的现象，目前共有 7 所高等专科学校升格，英文名为 University of Applied Science，这类院校除培养硕士外，

还可以培养博士，并授予学位。多科性应用技术大学旨在为学生就业提供技术培训，为学生从学习到工作的过渡铺平道路。相对于普通大学，应用技术类大学的学位具有显著的职业特色，其专业的设置非常适应工商企业发展的需求。以芬兰纳特应用技术大学为例，其75%的本科生毕业论文是针对某公司或组织的需要而量身定做的。

相反，英国的教训则令人深思。1993年，英国35所多科性技术学院全部升格为科技大学，但是，大学的性质发生了变化，逐渐向普通大学、综合性学术型大学靠拢。它体现出来的不是双轨制的沟通、协调，而是双轨制的土崩瓦解、应用型地位的丧失、学术型主宰地位的失而复得。由于大学都涌向学术型这一独木桥，千校一面的现象也在所难免。这对我国目前高等学校发展的严重趋同化具有重要的启示与借鉴意义。通过世界高等教育实践的正反对比，我们发现，在高等学校的发展过程中，办学层次已经不再是其发展瓶颈，升格是专科院校的必然与应然趋势，高等学校也可以逐渐举办硕士研究生、博士研究生层次的学历教育，关键是如何集中有限的资源，保持与锻炼自己的优势和特色——应用型，应用型才是高等学校的根基与可持续发展的源泉。

（四）建设高等学校是我国高等教育发展实践的现实抉择

既然高等学校在历史上早已存在，那么现在重提高等学校就不仅是对我国高等教育发展现状的一种反思，是对当前高等教育机构趋同现象的纠偏与理性做法的回归，而且从实践层面来看，高等学校不仅为新建本科，尤其是高职高专升格后的发展指明了道路与方向，而且对推进高等教育大众化，服务地方经济发展，进而把我国建设成高等教育强国都具有重大的现实意义。

1. 建设高等学校可为定位模糊的新建本科院校发展指明方向

如前所述，目前新建本科院校占全国院校总数的比例较高，与老本科院校相比，在办学实力上存在较大差距，为迎接升格评估，目前新建本科院校在规模和学科门类上也都比以前更大、更全。那么，这一院校群体的发展定位是什么？是摒弃高职高专的老路子，另起炉灶，朝学术型、综合化发展，还是延续高职高专的应用型、职业性，建设成高等学校，这是新建本科院校持续发展亟须解决的问题。通过对高教发展历史的回顾与追踪，我们发现，国际高等教育发展的经验与教训、我国教育发展的历史及当前面临的挑战，以及当前我国社会经济发展对教育的要求与期待，对我们具有重要的启示意义。新建本科院校，尤其是从高职高专升格而来的本科院校，其发展必须注重内涵建设，不断凝练学科和专业特色，朝高等学校发展，只有这样，才能在打破原有高教系统的同时，采取错位发展战略，形成互补优势，并为自己赢得一定的生存与发展空间。

2. 建设高等学校是加快我国高等教育大众化进程的需要

根据我国高等教育机构的行政隶属关系，我国的大学可以分为中央属普通院校、地方普通本科院校与高职高专，可以说，地方本科院校是我国高等教育机构构成的中间层次，既是我国本科教育的主体，又是我国高等学校的主体。根据《中国教育年鉴》提供的数据进行统计，我们发现，2001年以来，地方本科院校（包括民办本科院校）占全国本科院校总数的比例一直在85%左右，而从高等学校在校生数来看，若把高职高专也计算在内的话，那么地方性院校在校生数所占比例则高达98%左右。其中，值得一提的是民办本科院校，随着民办院校的发展，其发展规模也在壮大，目前民办本科院校30余所，2007年在校生数已达到21.6万人。据报道，地方本科高等学校为国家培养了75%左右的本科生。尤其是随着我国高等院校多层次、多类型的分类指导体系和建设与评价体系的建立，传统的学术型本科教育的单一发展模式也会遇阻。目前，"211工程"的第三期已经启动，按照工程战略最初的构想，即重点建设"适应所在地区发展需要和主要面向所在行业，并起到骨干和示范作用"的100所院校，其提出的面向地方和面向行业等发展方向，意味着部分"211工程"院校将转型为地方性本科院校，也就是说，相当数量的学术型本科教育将转变为应用型本科教育。只是部分大学办学历史相对悠久，科研基础相对雄厚，向应用型大学转变的过程相对比较漫长。但准确来讲，大多数院校仍然会办成高等学校。因此，如果把提出要"根据市场需求来培养人才"的部分"211工程"院校计算在内的话，那么广义上的高等学校数会更多，承担大众化的任务也更多。

3.高等学校是地方社会经济发展的助推器与中坚力量

根据管理体制上的行政隶属关系，地方院校又分为教育部门的院校和非教育部门的院校。地方化是近年来高等教育发展的主要特征和趋势之一。归属地方的管理体制也决定了地方政府是地方高等学校的主要投资者和管理者。因此，为了获得地方政府和社会更多支持，高等学校的人才培养、科学研究和社会服务大都围绕着地方社会经济发展而展开。在具体办学实践过程中，因为高等学校的科研实力相对较弱，得到的国家科研财政补助也较少，所以在招生、人才培养上就需要下功夫。从大学招生方面来看，根据高等学校的办学定位——立足地方、服务地方，其在本省、市招收的学生所占比例都在 80% 以上，有的甚至高达 100%；从专业设置方面来看，高等学校紧密结合地方社会经济发展，包括地区经济产业结构调整和产业结构升级等对学校的支持与需求，通过一些横向研究课题加强与社会之间的联系，培养区域经济发展所需的人才；从学生的就业方面来看，受生源所在地和学生所学专业的双重限制，除了一些热门专业外，毕业生基本上是在本地区就业。高素质的人才直接促进了地方经济发展，而这也是由高等学校的人才培养类型和层次决定的。具体来讲，高等学校既强调综合性研究型大学注重的研究，重视基础知识和基本技能的掌握与学习，又强调高职高专等专科层次注重的较强动手能力，重视技术的应用与实施，两个层次和类型的结合、理论和实践的高度统一，使得高等学校培养的高级应用型人才直接面向地方社会经济发展和产业 发展结构，面向工业、工程领域生产、建设、管理、服务等的第一线，直接从事解决实际技术问题的工作。这直接促进了地方社会经济的发展和地方产业结构的升级优化。

大学与社会之间关系的建构并不是单方面的，高等学校与地方社会包括政府之间已经形成了良好的互动。从实践效果来看，长期以来，高等学校已经与地方企业、支柱产业行业建立了良好的合作关系，成为地方社会经济发展中的高新技术产业"孵化站"和传统技术改造服务站，成为地方社会变革和经济发展的主导力量。而学校自身也依托行业和企业建成了一批基础雄厚的优势学科与专业，其中，一些特色学科、专业甚至达到了国内领先水平，具有很大的优势。同时，这种与研究型大学和高职高专在人才培养类型或层次上的错位发展战略，不仅为其自身的发展拓宽了经费来源渠道，还在很大程度上解决了目前大学毕业生普遍存在的结构性失业或就业难等问题，为高等学校的发展赢得了更广阔的发展空间。可以说，地方的行业和产业特色已经成为地方本科院校生存发展的土壤，其应用性也成为地方本科院校持续发展的动力和源泉。

4.建设高等学校是推进我国高等教育强国建设的必然选择

高等教育强国建设更多的是教育制度、教育体系的健全与完善，只有完善的教育系统才具有较强的适应性和包容力，才能使高等教育的功能得到充分释放与发挥。这就对我国各个层次、各种类型的教育提出了内在规定。一个国家若想成为真正的高等教育强国，就必须形成类型和层次多样、特色与优势互补的高等教育系统。如前所述，无论从理论层面还是国际比较的视角来看，高等学校都是我国高等教育系统的重要组成部分。具体从专业设置与人才培养类型来看，应用型人才与高职高专培养的技术操作型人才，以及研究型大学培养的理论或应用研究型人才错落有致，互为补充；从人才培养层次来看，高等学校与高职、综合性研究型大学衔接有序。高等学校在独具特色的同时与高职高专、研究型大学优势互补，衔接有序，能为我国高等教育强国建设做好功能与结构上的准备。

第二章　高等教育教学理论研究

第一节　高等学校的由来与发展

我国高等学校大致经历了探索孕育、确立地位、快速发展和内涵建设四个阶段。

一、改革开放为高等教育的发展带来机遇

1978 年，中国迎来了改革开放，高等教育的发展也翻开了新的篇章。中断十年的高考制度被恢复，无数学子搏击高考，期望实现读大学的梦想。但由于招生名额很少，能幸运成为"天之骄子"的只是极少数。一时间，社会上各种高考补习班纷纷兴起，由此产生了一种以"高考补习"和"自学考试辅导"为主要形式的民办社会大学，这类学校的典型代表有湖南中山进修大学和黄河科技大学。改革开放后，国家中心任务转移到经济建设上，各种专业人才非常短缺，公办高等教育远远不能满足这一需求，于是，产生了另一种以职业培训为主要目的的民办社会大学，这类学校的典型代表有北京中华社会大学（今北京经贸职业学院）、西安翻译学院、太原中医业余大学。早期的这些民办社会大学条件非常简陋，在既无校舍场地又无教师队伍的情况下，依靠租借校舍教室、聘请公办学校退休教师或代课教师白手起家，逐步积累了办学资源。它们在民间办学的组织形式、办学模式及管理机制等方面做了许多有益探索，为高等教育的发展积累了宝贵经验，孕育了高等学校的雏形。这一时期的高等教育主要是在非正规的培训领域发展，仅仅是作为公办高等学校的补充，起到拾遗补阙的作用。尽管 1982 年重新修订颁布的宪法第十九条规定："国家

鼓励集体经济组织、国家企业事业组织和其他社会力量依照法律规定举办各种教育事业。"但民办社会大学尚未被纳入正规的高等教育体系，既不能参加统一高考招生，也不能颁发正规学历文凭。

二、合法地位确立阶段

1992 年，社会主义市场经济的确立，为民营经济的发展提供了契机。随后，《高等学校设置暂行规定》《中国教育改革和发展纲要》《中华人民共和国教育法》等一系列政策和法规的出台保障了高等学校的合法性地位。在这期间，一批办学质量高的民办社会大学被允许招收高考生，正式成为民办普通高等学校。但此时高等学校的规模很小，在校生数量也很少。

三、高等教育大众化促进高等学校快速发展

高等教育大众化给高等学校的发展带来了机遇，其对高等学校的影响主要有两个方面：一是扩招给高等学校带来了充足的生源；二是伴随高等教育大众化进程，完全依靠国家财政举办高等教育比较困难，需要更多的社会力量办学。此时，高等学校抓住了机遇，学校数量迅速增加，办学规模不断扩大。2003 年颁布实施的《中华人民共和国民办教育促进法》对高等学校的发展也起到了大力推动作用。高等学校不仅在数量和规模上获得了快速发展，办学层次也有了突破。截至 2019 年，民办高等学校 757 所（其中，独立学院 257 所，成人学院 1 所），比上年增加 7 所。普通本专科招生 219.69 万人，比上年增加 35.75 万人，增长 19.44%；在校生 708.83 万人，比上年增加 59.23 万人，增长 9.12%。硕士研究生招生 876 人，在学 1865 人。

四、竞争和生存压力促使高等学校转变发展模式

　　高等学校乘扩招东风，实现了超常规跨越式发展。但是，一方面，由于当时一些学校办学时间不长，而在校生已超万人，如此快速地扩张，给学校的管理带来很大难度；另一方面，由于学校投入增长跟不上规模发展，许多高等学校办学条件不足，生均师资、仪器设备、实习场地、教室、宿舍等问题逐渐暴露，不能满足办学需要。这些都严重影响了高等学校的声誉和健康可持续发展。而且，伴随着扩招，我国高等学校数量急剧增加，围绕生源大战，高等学校面临的竞争也愈来愈激烈，竞争的结果必然是优胜劣汰。一些办学时间短、教育教学质量不高、缺乏核心竞争力的高等学校面临着严峻的生存压力。在此情势下，教育部于 2006 年 11 月下发了《关于全面提高高等职业教育教学质量的若干意见》，国务院办公厅也于 2006 年 12 月下发了《关于加强民办高校规范管理引导民办高等教育健康发展的通知》，引导高等学校转变发展模式，加强内涵建设。2006 年之后，我国高等学校扩招速度已经大幅放缓，高等学校过去那种一味追求规模扩张的发展模式已经难以为继。加强内涵建设，形成自身特色是高等学校现在也是未来一段时期的主要任务。

　　为规范高等学校的办学行为，维护高等学校举办者和学校、教师、学生的合法权益，引导高等学校健康发展，根据《中华人民共和国民办教育促进法》及其实施条例和国家有关规定，教育部制定了《民办高等学校办学管理若干规定》（以下简称《规定》），《规定》于 2007 年 1 月 16 日经部长办公会议讨论通过，自 2007 年 2 月 10 日起施行，并于 2015 年 11 月 10 日根据教育部令第 38 号《教育部关于废止和修改部分规章的决定》进行了修正。《规定》提出："民办高校应当加强教师的培养和培训，提高教师队伍整体素质。民办高校应当按照国家有关规定建立学生管理队伍。按不低于 1：200 的师生比配备辅导员，每个班级配备 1 名班主任。建立对民办高校的督导制度。"由此，我国高等学校办学慢慢步入正轨。

五、高等学校学校多元化的分类

我国放开社会力量办学以来，非政府组织和公民个人举办的各种形式学校竞相出现，呈现百花齐放的局面。比如，有私人个体办学，多人合伙办学，企事业单位办学，协会、研究会和基金会等团体办学，民办公助、国有民办、一校两制、股份制办学，等等。1996年，全国民办普通高等学校只有21所，在校生人数1.4万人；到2004年4月，全国高等学校的数量达到194所，在校生人数81万人，其中，经教育部批准具有高等教育学历文凭颁发资格的高等学校有122所，它们是所有高等学校中的佼佼者。这里必须提到的是，普通高等学校举办的独立学院从20世纪末开始兴起，到2003年已经发展到300余所，目前部分独立学院已经转设为民办本科院校。独立学院已经成为民办本科层次院校的生力军，它不仅抢夺了层次较低传统高等学校的生源，还对公办专科院校带来严重的挤压。到2016年，全国高等学校的数量达到742所，在校生人数达616.2万人。这些高等学校每年向社会输送大批的人才，由于学校层次的问题，这些人才大部分流向了企业单位。

需要强调说明的是，狭义上的高等教育概念是围绕高等学校而来的，高等教育运作的主体是高等学校。因此，在此主要对高等学校的含义进行分析。当前，学界对高等学校有着多元化的分类方式。

（一）按经费来源分类

按经费来源分类，凡是由国有资金所办的高等学校都称为"公办高等学校"，非国家出资办学的高等学校则称为"高等学校"。但是，如果按照这种方式界定，则限制了高等学校的筹资渠道，并且与国际惯例不符，因为国外许多私立大学同时也接受政府提供的经费资助。近几年，我国也加大了对高等学校的经费支持力度，包括奖学金、助学金、专项建设经费等。

（二）按产权分类

以资产所有权归属作为标准，即产权属于政府的高等学校是公办高等学校，而产权属于某个体、企业、社会团体的则为高等学校。但是，这种分类方法也有弊端，对于将来政府和社会共同资助的高等学校则难以准确地界定其产权归属。

（三）按办学主体和经费来源分类

办学主体为非政府的个人、企业或社团组织，办学经费主要由学校自筹的高等学校，通称为"高等学校"。引入社会力量参与办学的初衷在于可以多渠道筹集教育经费，提高竞争机制，从而完善和补充现有的公办高等学校系统。学校产权归属也是制约或促进竞争十分重要的因素。因此，应当以高等学校的产权归属、办学主体与主要办学经费来源三个指标来界定高等学校，即凡是用非财政性教育经费为主要办学经费来源、产权为非各级政府所有、办学主体为非政府组织的高等学校就应当称为"高等学校"。

高等学校具体可分为非营利性和营利性两种高等学校。非营利性民办学校纯粹公益性办学，不以营利为目的，学校办学结余进行分配，只能用于学校的再发展；营利性高等学校是指按照企业运行模式建立，学校办学结余，在提取一定比例的再发展基金后可以给予投资者、办学者和经营者适当回报的高等学校。非营利性民办学校和营利性高等学校，各有利弊。2017 年 9 月 1 日起，新修订的《中华人民共和国民办教育促进法》正式实施，高等学校面临出路的选择。但是，无论高等学校的举办者选择哪种类型，高等学校都属于公益性事业，是我国高等教育的重要补充，都为国家培养人才。不同的选择带来的只是分类管理后国家不同政策的支持。

第二节　高等学校的类型

一、高等学校的类型

根据办学主体和经费来源划分，民有、民办学校主要有以下几种。

（一）公民个人办学

公民个人办学这类高等学校是由出资人个人投资的，出资者可以是一人，也可以是多人。学校聘请校长办学，自聘教师，自主办学，自主管理。例如，创办于1993年的上海东海学院，就是由多位热心于国家教育事业的老教师，每人出资5万元，并通过个人贷款和借款筹措办学资金，租赁校舍，然后由学费逐年滚动，归还欠款，由小到大，逐渐发展起来的。目前，我国大多数高等学校都是以这种模式创办和发展起来的。

（二）社会团体办学

社会团体办学这类高等学校一部分是由社会团体或组织投入少量启动资金，利用其在社会的影响力来吸引社会捐资举办的；同时，有的高等学校实际上就是由公民个人举办的，只是在政策尚不明朗的情况下，许多高等学校为了稳妥，而挂靠在一个社会团体或组织的名下。例如，燕京华侨大学是1984年由北京市侨联举办的一所全日制高等学校；新侨学院是由上海海外联谊会主办，海外交流协会、归国华侨联合会及中华职教社协办的一所全日制民办职业技术高等学校。

（三）捐资办学

捐资办学这类高等学校是完全依靠捐款建立的。这类高等学校的捐款多数来自国内外热心教育事业的慈善人士。他们通过捐资捐物举办高等学校实现造福桑梓、报效祖国的目的。比如，上海杉达学院，完全是依靠其学院董事长及董事会成员在香港地区的威望，获得私人企业、公民个人的捐款后发展起来的。又如，爱国华侨吴庆星先生在 1987 年通过仰恩基金会捐资，在国内创办了仰恩大学，建立后，仰恩大学具体办学日常管理工作由福建省政府负责。但由于捐资公办唯一能解决的是教育经费问题，为了突破传统的高等教育管理体制，经福建省政府同意和国家有关部门批准，1994 年，仰恩大学改为纯高等学校。

（四）民营企业办学

民营企业办学是由民营企业或企业家出资创办的高等学校。例如，2000 年，经北京市政府批准、教育部备案，具有独立颁发高等教育学历文凭资格的综合性全日制民办普通高等学校——北京吉利大学，就是由浙江省民营企业吉利集团出资创办的；上海建桥学院则是由民营企业家投资购买土地，建设校舍后发展起来的。

（五）教育集团办学

教育集团办学是以教育集团为出资单位创办的高等学校。例如，中锐教育集团是从事教育投资和开发的产业集团，该教育集团办学创始于 1996 年。中锐教育集团在享有"太湖第一胜景"美誉的电头渚风景区，创办了一所朝气蓬勃、特色鲜明的民办普通高等学校——无锡南洋职业技术学院。该学院经教育部和江苏省人民政府批准，于 1998 年正式成立。

二、高等教育的理想定位

高等学校目前还处在一个较低的发展水平，这是多种因素造成的。一般来看，许多高等学校在创办之初，出于生存的目的，开设了一些与社会生活密切相关的专业，培养了不少社会各行业急需的实用型人才，这就形成了民办教育就是职业教育的总体印象，但是，实际情况并非如此。

我国高等学校的生源，以职业教育为主体，他们入学是为了争取到和其他同龄人一样的接受高等教育的权利，从而实现自我价值，得到社会的认同和尊重。高等学校因此被人为地限定在高等教育助教、助考的层次上。

我国高等学校的办学者，其主体是公办高等学校的离退休教职员工和兼职教职员工，其教育思想、教育观念、教育方法等都带有浓重的公办高等学校色彩。这就决定了他们往往自觉或不自觉地把公办高等学校的模式，作为高等学校理想的发展目标。

上述因素导致了目前的高等学校尽管多数以全日制教学为主，但是办学功能单一，办学层次也较为局限。如全日制大专职业教育，职业教育与自学考试辅导教育，学历文凭教育相混合的全日制综合本专科教育，学历义凭教育与研究生辅导教育相混合的综合大学教育，等等。实践证明，功能单一、层次局限、多重标准、水平参差的高等教育在目前教育体制下，很难从数量型阶段转入质量效益型阶段。

从理论上来分析，高等教育机构最有条件办成以全日制本科教育为主的综合高等教育，这是由其内在机制决定的。高等教育是按照市场机制运作、以收取学费为前提条件的非义务教育，主要是为了满足特殊人群的特殊要求。它可以满足社会中公办学校满足不了的特定阶层的教育需求。中国是一个以公有制经济为主体的国家，高等学校是在公办学校发展了 50 年后才起步的。高等学校目前主要是满足一些职业教育、大专教育及短期教育。因此，在政策的制定上，没有任何理由封杀高等学校向本科教育的过渡，如果适当放宽高等学校办本科教育的政策限制，允许那些专科和高职水平较高、基本条件具备的高等学校办本科教育，那么就会大大解放这些高等学校的生产力，促使其向更高水平发展，为中国的教育事业做出更大贡献。

在高等教育发展的现实基础上，高等学校可以逐步定型为以下几种。

（一）职业教育型高等学校，分为专科和本科两个层次

职业教育型高等学校功能单一，直接面向市场，人才培养目标明确，专业界限明晰，以应用性、技术性为特征。发展职业教育型高等学校在总体布局上一定要控

制数量，提高单个学校的规模水平，并且必须让其他类型的高等学校逐步退出职业技术教育领域，以保证职业教育型高等学校的市场份额，稳定提高与扩大其办学的质量和规模。鉴于职业教育型高等学校在设备方面投资数额较大，需要有雄厚的财力做基础，因此，这并不是以收取学费为主要财源的高等学校的强项，而主要应该由国家来主办，少数有实力的高等学校辅之。

（二）教学型高等学校，以全日制综合本科为主

教学型高等学校符合国家颁布的高等学校本科教育基本标准，以专业基础理论、基本技能教学为主，专业涉及文、经、法、工、农、医等传统专业领域。人才培养目标为双目标：既可以培养较高层次的具有专业技能的实践应用人才，也可以培养较高层次的专业学术研究人才。教学型高等学校的发展目标应定位在具有广泛影响的拥有省级或区域级重点专业、重点学科、重点实验室的综合大学。教学型高等学校应作为未来高等学校的主流，目前迫切需要进行重点扶持、重点投入。

（三）研究型高等学校

研究型高等学校是在完善本科教育基础上发展起来的高层次办学形式，以培养硕士研究生、博士研究生为主要目标，适当结合规模适度的本科教育；以培养高层次学术理论研究人才进行学术理论研究和高科技开发研究为主。研究型高等学校应定位在具有重大国内影响力和一定国际影响力的，拥有国家级重点专业、重点学科、重点实验室的重点大学。

总而言之，我们认为，在国家法律、政策允许的框架内，高等学校应结合本校特色和优势进行科学定位，选择最理想的可持续发展战略，大胆创新、勇敢实践，办出特色鲜明的高等学校。

第三节　高等教育的特征

一、高等教育的具体特征

高等教育的办学类型多样，不同类型的高等学校之间有其共同的特点，也存在一定的差异。通过研究发现，在这五种办学类型中，公民个人办学、社会团体办学和捐资办学可以划分为一类，我们称为"个体办学型"；而民营企业办学和教育集团办学可以划分为另一类，我们称为"企业办学型"。以下为两类办学类型高等学校的具体特征。

（一）个体办学型高等学校的具体特征

1. 投入少

举办高等教育需要大量的先期投入，如购买校园土地、建造校舍、购置教学仪器设备、聘请教师等，但受个人、社会团体经济实力与条件的限制，个体办学型高等学校的先期投入都比较少，基本上是以少量投入作为教学场所的租金和聘请教师的工资，逐步发展起来的。

2. 以学养学，滚动发展

因为没有雄厚的办学经费做支持，高等学校的收入只能靠学生学费来维持，并在学校的运转过程中，厉行节约，精打细算，把办学结余部分投入学校建设中，再经过长期的以学养学积累，持续的投入，逐年滚动发展起来。

3. 发展慢，效益差

由于个体办学型高等学校多数是滚动发展起来的，发展速度一般较慢。绝大部分的办学结余都用于学院发展建设，经济效益也就难言丰厚。并且，在2017年以前，我国法律明文规定，投资教育不能以营利为目的，更不允许有暴利。因而，靠学费收入结余后再投入办学的这类学校发展速度比较慢，教育投资效益较差。直至目前，仍有相当一部分高等学校办学条件十分简陋，校舍、教学用房和教师都非常紧张。

（二）企业办学型高等学校的具体特征

企业办学型高等学校因为有企业或集团的强大经济实力做后盾，以及有企业先进管理经验的引入，表现出与个体办学型高等学校较大的区别。

1. 起点高，投资大

民营企业办学和教育集团办学明显不同于个体办学。公民个人办学、社会团体办学等形式的学校，一般采取从低起点逐步提高的做法；而企业办学型高等学校一般建设速度比较快，投资力度比较大，学校的资产都达数亿元之多，因此，校园教育环境优越，教学设施先进，学校占地面积、建筑面积和各项设施设备，都能达到国家规定的办学标准。这就避免了许多高等学校办学初期经费不充足导致的学校基础设施不齐全，教学质量难以保证的问题。

2. 教育规律与经济规律有机融合

企业家和教育家有不同的工作经历、专业技能与思维方式，教育教学活动不同于经济活动，它们有各自不同的运行规律。要办好教育产业，就需要将教育规律与经济规律有机融合。高等学校管理者与企业家投资者在一个平台上，教育家和企业家共同办学，给双方提供了一个都能施展才能的舞台，实现了两者的有机融合、协调发展。

3. 经营管理产业化，效益好

民营企业办学和教育集团办学在充分尊重教育规律的同时，借鉴和遵循产业运作的一些观念与做法，讲究质量、信誉、成本和效益，为高等学校的教育教学提供全方位服务，以推动其更好、更快地发展。

因为先期投资额度大，创办者收回投资成本的压力较大，加上学校硬件条件比较好，有的家长也愿意把子女送到这类高等学校。因此，这类高等学校在建校初期，收费标准往往比较高。

4.品牌意识强

成功的教育集团与成功的企业集团一样,都非常重视品牌建设,强调科学化管理、规范化运作,往往采取统一校名、统一标准、统一管理的模式,在成功办学的基础上,输出集团的管理模式,以托管的方式对其他高等学校进行管理,以扩大其影响。

二、高等教育不同阶段的特征

在高等教育发展的过程中,不同时期表现出不同的形式与特征。

(一)独立性与依附性并存

高等学校体现出独立性与依附性并存的特征,特别是在国家试点开展学历文凭考试考点期间,表现得尤为明显。1993年是中国高等教育发展历程中一个重要的分水岭,在这一年国家颁布了《中国教育改革和发展纲要》,高等教育由此进入一个全新的发展阶段。高等学校的一部分组织形式发生了显著改变,多数自学考试的助学机构逐渐成为学历文凭的考试试点学院,高等学校终于有了自己特有的颁发学历文凭的资格。虽然这种资格是一种半独立、半依附的资格,但极大地促进了高等教育的发展。到2000年,学历文凭考试学院就发展到了最高峰的467所,并长期保持在400多所,这种平衡一直持续到2004年国家停止了学历文凭考试的试点才被打破。近几年,高等教育有了突飞猛进的发展,少数专修院校从租赁教室、兼职教师的运行模式,逐渐发展成为有了自己独立校舍和专职教师的高职院校。

(二)多样性与统一性转换

由于各类高等学校建校时举办者、举办方式和投资模式的不同,以及各学校办学经历的不同,我国高等学校具有天然的多样性特征,这里就不过多地论述了。

21世纪初,高等教育组织的主要形式是民办高职院校和独立学院,其他的组织形式已经没有生存空间,逐步消亡。这些高等学校不论建校初期是何种状态,随着其向民办高职学院或独立学院的转型,规范性、合法性的要求都促使这些高等学校的组织模式发生了变化。由于从 20 世纪 50 年代开始，中国的私立高等教育就已经完全消失，公办高等学校的运行标准和模式就是中国高等教育的运行标准和模式，可以说，中国高等教育的运行标准和模式是由公办高等学校树立的。这种运行标准的树立对高等学校起到了重大示范引领作用，促使或者规范高等学校向着公办高等学校的运行标准去发展。高等学校也在有意模仿公办高等学校的组织形式和行为模式。不论是民办高职院校还是独立学院，其都在向公办高等学校的运行标准靠拢，高等教育的统一性被不断强化了。

第四节　高等教育的必要性

一、有利于满足人民日益增长的高等教育需求

我国是文明古国，礼仪之邦，有着重视教育的优良传统。改革开放以来，随着计划生育这一基本国策得到认真贯彻，独生子女比例越来越高，城市和发达地区尤为显著，广大家长望子成龙、望女成凤的心理更突出，迫切希望子女能接受良好的教育。

大力发展高等教育，可以迅速扩大高等学校招生规模，为合格的高中毕业生提供更多深造机会，既让他们得以实现接受高等教育的迫切愿望，学到一技之长，又推迟了他们的就业时间，减轻了社会的就业压力。高等学校的办学经费来源是多渠道的，创办者的原始投资、社会各界的资助和政府的适当补助（包括政策性的费用减免）是一部分，但就我国目前的情况而言，主要还是学费收入，其占总经费的绝大多数。随着我国社会经济的迅速发展，人民群众收入水平的逐步提高，相当一部分家庭愿意也有可能承担相对于公办高等学校而言比较昂贵的高等学校学费。

二、有利于鼓励社会各方面力量集资办学

世界各国在发展高等教育的过程中，几乎所有高等学校都面临办学经费短缺的困难。因此，许多国家都大力发展高等教育，鼓励社会各方面力量集资办学，以增加教育投入，缓解教育经费短缺问题。我国过去受计划经济和苏联模式的长期影响，政府包揽高等教育，办学经费单纯依靠政府拨款，财政不堪重负，高等教育发展受到严重制约。1985 年起，我国开始改变对高等学校学生学费全部包下来的做法，招收委托培养和自费生，并逐渐扩大比例。到 1997 年，全国高等学校所有学生均实行缴费上学。此外，我国还鼓励社会团体、企事业单位及公民个人捐资助学。这些教育改革措施收到了明显的成效，但还远不能适应经济和社会高速发展对高等教育的要求。

我国的经济和社会发展水平决定了在相当长历史时期内，高等教育必须以国家办学为主，政府投入仍然是高等教育经费来源的主渠道，但仅仅依靠政府投资办学是远远不够的。在社会主义市场经济条件下，国家没必要也不可能有足够财力支撑全部的高等教育，长期包下去势必抑制其进一步的发展。因此，国家必须进一步解放思想，转变观念，彻底改变过去在计划经济体制下形成的政府包揽办学格局，在集中有限财力办好公办高等教育的同时，大力发展高等教育，积极鼓励和支持社会力量以多种形式办学，满足人民群众日益增长的高等教育需求，形成以政府办学为主体、公办高等学校和高等学校共同发展的格局。发展高等教育是加快发展我国高等教育事业的重要途径，它主要依靠民间财力，无须增加政府财政负担，可以大有作为，凡是符合国家有关法律法规的办学形式，都应允许大胆尝试。

三、有利于优化高等教育资源

我国是世界上最大的发展中国家，实现教育现代化将是一个漫长的历史过程。高等教育的调节机制就是市场机制，生源市场是调节高等教育的一只"看不见

的手"，综合反映了劳动力市场和人才市场等各方面市场的需求状况。高等学校尽管几乎没有政府一分钱的投入，但由于能主动地、及时地适应市场需求，多渠道聚集社会闲散资金，大量借用公办高等学校的校舍、设备和师资，使高等教育资源得到充分利用，自身也可获得很大发展。市场机制还为整个高等教育系统增加了一个反应敏感的社会需求信息系统，不论是高等学校，还是公办高等学校，谁不能及时适应，谁迟早就会被无情的市场竞争所淘汰。因此，要实现高等教育资源的优化组合、合理配置，就必须坚持以市场调节为基础，同时，辅之以必要的宏观调控。高等学校目前在这方面已先行一步，这对公办高等学校是一个很好的示范和促进。

四、有利于深化高等教育体制改革

改革开放以来，我国经济体制改革取得了举世瞩目的伟大成就，社会主义市场经济体制已经初步建立起来。但与此相比，我国教育体制改革特别是高等教育体制改革的步伐比较缓慢，计划经济的色彩还很浓厚。高等教育体制改革从本质上来说，就是由适应中央集权的计划经济体制向适应社会主义市场经济体制的过渡。

高等教育的再度兴起适应了我国改革开放和现代化建设的人才需求，以及由此而激发的社会成员日益增长的学习需求，从而使高等教育与社会主义市场经济建立了天然联系，成为高等教育新体制的生长点。高等教育伴随着改革开放大潮崛起，其意义不仅仅在于它在我国中断了近30年之后重获新生，更在于它作为一项高等教育新体制的增量对旧体制形成的冲击与改造。高等学校拥有较大的办学自主权，可以自筹资金、自聘人员、自设专业、自行招生、自主经营、自负盈亏，不受政府教育行政部门和其他方面的过多干扰与牵制。高等教育作为最早具有市场属性的高等教育主体和旧体制的体制外力量，尽管目前由于自身的弱小和不完善性，对旧体制的冲击与改造作用还不十分突出，但随着自身的不断发展壮大，在整个高等教育体系中的地位日益提高，高等教育必将对深化高等教育体制改革发挥出越来越大的作用，进一步推动高等教育新体制的建立。

五、有利于实现高等教育大众化

高等教育大众化是世界高等教育发展的必然趋势，也是实现我国经济与社会协调发展的客观选择。美国高等教育学家马丁·特罗以 18 ~ 21 岁适龄人口接受高等教育的比例为标准，将高等教育发展划分为三个阶段：接受各种形式高等教育的适龄人口比例低于 15% 属于精英化高等教育阶段，处于 15%~50% 属于大众化高等教育阶段，超过 50% 属于普及化高等教育阶段。

各国间综合国力的竞争归根结底是科技和人才的竞争。经济和社会发展的优势蕴藏于知识与人才之中，社会财富向拥有科技和人才优势的国家与地区聚集，谁在科技创新和人才培养上占有优势，谁就在发展上占据主导地位。要在 21 世纪抓住机遇，增强综合国力，战胜各种挑战，就必须大力发展高等教育，早日实现高等教育大众化的目标。但是，单纯依靠公办高等教育是难以早日实现高等教育大众化目标的。因此，必须突破政府包揽办学的传统模式，大力发展高等教育。

支持和鼓励社会力量办学，扶持和引导高等教育发展，是世界上大多数国家行之有效的发展高等教育的重要方式。

六、有利于促进经济增长

随着市场经济的发展和知识经济的崛起，人们越来越清楚地认识到，教育特别是高等教育兼具消费性和生产性，是劳动力的再生产和知识的再生产，是具有公益性的特殊产业。由民间力量兴办的高等教育完全自筹资金、自负盈亏，更具产业属性。把高等教育作为一项产业来大力发展，不仅有利于高等教育自身的改革和发展，而且有利于整个国民经济和社会事业的发展。

经济不景气对教育发展来说既是严峻的挑战和制约，也是良好的机遇和条件。目前，我国城乡居民对高等教育的需求日益旺盛，加快高等教育发展具有极大的重要性和紧迫性。加快发展高等教育，既可以减缓高中毕业生的升学压力，为中小学实施素质教育创造良好环境，满足广大学生和家长对高等教育的需求，提高国民素质和社会文明程度，又可以推迟学生就业时间，减缓目前的就业压力，还可以扩大教育消费，拉动消费需求，促进经济持续增长。

加快发展高等教育是有条件的，现在城乡居民教育消费意愿十分强烈，居民家庭储蓄中有相当大的比例准备用于教育，现有教育资源还有很大潜力，社会力量也有办学的积极性。教育产业正在成为我国新的经济增长点，许多有远见的企业和个人都看好这一产业，愿意投资兴建民办学校特别是高等学校。而投资不同于捐资，必然要求回报，没有一定的回报就难以吸引大量民间资本投资。高等学校仅靠捐资，数量有限，也难以维系。而我国现行法律不允许高等学校营利，《中华人民共和国教育法》规定，"不得以营利为目的举办学校"；《中华人民共和国高等教育法》也规定，设立高等学校"不得以营利为目的"。许多国家解决这个问题的办法是，将高等学校分为营利与不营利两大类，营利的要按照企业纳税，不营利的要按照公益事业减免税。将高等教育作为产业来发展，允许适度营利，可以吸引民间资本投入高等学校办学，有利于高等学校改善经营管理，提高办学质量，提升竞争能力，获得一定的盈余。盈余的一部分作为公积金滚动发展，另一部分作为红利回报给投资者，这既有利于高等教育自身的快速发展，也有利于刺激教育消费，拉动民间投资，从而促进经济的持续增长。

高等教育作为我国高等教育和国民经济的新增长点，在过去20年里取得了很大成就，已与普通高等教育、成人高等教育构成三足鼎立之势。进入21世纪，只要进一步解放思想，更新观念，全面贯彻"积极鼓励，大力支持，正确引导，加强管理"的十六字方针，高等教育就必将成为我国高等教育事业的重要组成部分，充分发挥其对经济和社会发展的促进作用。

第五节　高等教育的功能定位

一般而言，高等教育的功能有两个方面，一方面是对人的作用，另一方面是对社会的作用。这两种功能是相互联系、相互统一的。具体地说，个体层面对人的作用是高等教育应培养追求真善美的人，而社会层面对社会的作用是高等教育应促进政治稳定、经济发展、科技进步、社会公平等。高等教育同样具有育人、服务社会的功能。

一、高等教育的根本职能：推动高等教育的多样化，满足社会成员接受教育的需求

目前，我国的高等教育虽已进入大众化阶段，但还有相当多的适龄青年没有机会进入高等教育中进行深造，高等学校的诞生在一定程度上缓解了高考升学的压力，促进了个人受教育机会的平等，保障了公民享有受教育的权利。高等教育的发展，打破了高等教育单一的由国家办学的体制，改变了政府包揽办学的格局，逐步建立起了以政府办学为主体，社会各界共同办学的新体制。高等教育的发展增加了高等教育供给方式多样化的选择，为更多青少年灵活地提供了选择学校、选择教育内容、接受高等教育的机会。

二、高等教育的其他功能之一：增加高等教育投入，调节优化教育资源配置

几乎所有人都承认，高等教育的发展吸纳了社会资金，进一步挖掘了现有社会各种教育资源的潜力，有效地增加了教育投入，弥补了国家财政投入的不足，促进了资源共享，对优化教育资源配置起到了很好的调节作用。

三、高等教育的其他功能之二：促进催化教育思想观念更新，有力维系社会稳定

高等教育体制的改革与创新，进一步推进了高等学校办学体制、教育投资体制、管理体制和内部运行体制等教育改革的深化，为高等教育的改革与发展提供了新鲜经验，对促进高等教育健康可持续发展，推进公办高等教育与高等教育共同发展格局的形成，探索大众化条件下高等学校人才培养模式等方面，发挥出了积极的作用。同时，高等学校为大批青年提供了学习的机会，他们在学校学习期间，在接受知识和技能深造的同时，也有效地减轻了就业市场的压力，对维系社会稳定、缓解就业压力起到了缓冲作用。而社会在进一步吸纳毕业生后，成为首要的直接受益者，生产力和单位行政效率明显提高了，国家（政府）也是间接的最终受益者，社会长期稳定，综合国力不断增强，以上这些正效应释放出的正能量大家有目共睹，绝大多数都得到了社会和国家的充分肯定。

随着社会主义市场经济的深化发展和科技的不断进步，社会对各类应用型、职业技术型专门人才的需求激增，我国要满足社会对人才多样化的需求，特别是对大量应用型、职业技术型专门人才的需求，目前解决这一需求的有效途径就是大力发展高等教育，这也顺应了中国社会主义现代化建设的需要，顺应了我国人口众多、教育欠发达国情的一种历史必然。因此，高等学校应牢牢抓住这一现实条件与优势，根据社会对人才的需求，准确地定位于教学应用型高等学校和职业技术型专科高等学校，即民办本科高等学校应定位为教学应用型高等学校，民办专科高等学校应定位为职业技术型专科高等学校，培养更具有显著职业特点的应用型、技术型人才，差异化发展与错位竞争，准确定位、特色发展，不断增强发展后劲，更好地发挥出高等教育的特色职能，更好地为社会主义现代化建设事业添砖加瓦。

第六节　我国高等教育的发展及性质转变

高等教育的发展历史可以追溯到中世纪的大学，后来不断发展、不断转型，形成了高等教育的三项职能，即培养专门人才、科学研究、服务社会。改革开放以来，我国高等教育事业获得了长足发展，改革取得了令人瞩目的成绩，初步形成了适应国民经济建设和社会发展需要的多种层次、多种形式、学科门类基本齐全的社会主义高等教育体系，为社会主义现代化建设培养了大批高级专门人才，在国家经济建设、科技进步和社会发展中发挥了重要作用。

一、我国高等教育近代化的历史进程及进程中的模式转换

我国高等教育近代化的历史进程及进程中的模式转换大致可分为三个时期。

第一个时期（1862—1894 年），甲午战争以前，中国近代高等教育处于酝酿时期。从 19 世纪 60 年代开始，出现了一批培养外语人才和军事技术人才的专门学校，它们不同于传统封建教育机构，不是培养能成为各级封建官吏的"治才"，而是培养通晓各国语言和技术（特别是军事技术）的所谓"艺才"。最典型代表即 1862 年成立的京师同文馆和 1867 年创办的福建船政学堂。至 1894 年前后，我国共创办此类学堂 30 多所。

第二个时期（1895—1911 年），19 世纪末 20 世纪初，是中国近代高等教育发展的重要时期。1895 年、1896 年、1897 年、1898 年分别成立的天津中西学堂、上海南洋公学、浙江求是书院和京师大学堂，一般被认为是中国近代大学的雏形。20 世纪初，清政府颁布了第一部包括高等教育在内的具有近代意义的全国性学制——《癸卯学制》。

第三个时期（1912—1927 年），1912 年的辛亥革命推翻了清王朝的统治，结束了 2000 多年的封建帝制，为中国近代高等教育的发展提供了一个相对宽松的环境。

1912年至1927年，可以说是中国高等教育发展模式的多元化时期。1912年，在蔡元培主持下进行的教育改革形成的新学制《壬子癸丑学制》，对清末颁布的《癸卯学制》中有关高等教育的内容做了相应改革。其间，教育部还陆续公布了《大学令》《大学规程》《专门学校令》《公立、私立专门学校规程》《高等师范学校规程》等一系列有关高等教育的法令规程。众所周知，作为当时教育改革的总设计师，蔡元培非常关心高等教育，《大学令》就是由他亲手制定的。直到1917年蔡元培出任北京大学校长之后，他的高等教育理念——学术自由和教授治校，才部分地在他主持的北京大学付诸实施。就在蔡元培以德国高等教育为模式对北京大学进行深刻改造的同时，另一所国立大学——在南京高等师范学校基础上发展而来的东南大学迅速崛起。至20世纪20年代中期，浙江大学和东南大学影响日广，成为与北京大学南北呼应、交相辉映的中国高等教育又一重镇。

高等教育作为人类创造的知识和文化的重要传播场所，作为高级专门人才的培养基地，有其自身发展的内在规律。高等教育的发展，既要受处于不同经济发展阶段、不同政治文化背景的各国家和地区的具体国情制约，也要受高等教育本身的发展规律制约。在一定意义上可以说，一个世纪以来，中国高等教育发展模式的转换就是在如何认识和正确处理这一对矛盾的过程中艰难推进的，不能以强调本国情形的特殊性为由而拒绝遵循高等教育发展的一般规律，也不能以标榜追赶世界潮流为借口而置本国国情于不顾，这是我们回顾和总结这段历史所应深刻吸取的经验与教训。

二、我国高等教育目标和性质的转变

1894年至1911年，是中国近代高等教育的起步时期。19世纪末创办的天津中西学堂、上海南洋公学、浙江求是书院和京师大学堂是近代大学的雏形。1904年颁布的《癸卯学制》中有《奏定大学堂章程》《奏定高等学堂章程》《奏定农工商实业学堂章程》。在这些章程中，关于办学理念和培养目标，有了新的表述：大学堂"以谨遵谕旨，端正趋向，造就通才为宗旨，以各项学术艺能之人才，足供任用为成效"。

通儒院（研究生院）"以中国学术日有进步、能发明新理以著成书、能制造新器以利民用为成效"。从前一时期的培养"艺才""专才"，到这一时期的提出"通才"，从字面上看，似乎又回到了传统的人才观，因为中国的传统教育也强调"通才"，即所谓"一物不知，儒者之耻"。但是，这里的"通才"是以掌握"各项学术艺能"为前提的，不仅与封建教育的理想人格"通才"在内涵上有所不同，而且这种目标的提出本身提升了"艺才"与"专才"的地位。在一定意义上可以说，与之前相比，这一时期较多地接纳了西方高等教育的理念。当然，这种"通才"仍必须"谨遵谕旨"，"以忠孝为本，以中国经史之学为基"。在这里，中国传统高等教育的影响依然十分强大。这是因为，虽然科举制度在 1905 年已被废除，但是科举制度赐予出身的陋习仍然被保留了下来，秀才、举人、进士的头衔还十分具有吸引力，更重要的是，封建专制制度的政治框架还在起着支撑作用，社会主流价值观的变革终究需要以经济基础和政治制度的变革为前提。与此相适应，在这十几年间，高等教育在课程体系、教学内容和教学方法上发生了较大变化，最明显的表征是西方近代社会科学的各门类被大量引进高等教育的课堂，政治学、法学、教育学、哲学、心理学、经济学等社会科学被作为大学或高等学堂教学内容的教科书大量出版。民国初年，资产阶级革命派和激进的民主主义者从根本上否定了"中体西用"这一直接支配高等教育培养目标的文化观念，提出要用"民主共和"和"科学民主"的精神来改造中国传统封建主义文化，这也为高等教育培养目标的进一步发展及演变奠定了思想基础。

从 1912 年至 1949 年，当时的政府制定、颁布过几部重要的关于高等教育的法令、规程。就培养目标而言，从法律条文上看，最大变化在于取消了封建社会高等教育的政治方向。1912 年的《专门学校令》提出，专门学校以教授高等学术、培养专门人才为宗旨。同年颁布的《大学令》规定，大学以教授高深学术、培养硕学闳才、应国家需要为宗旨。这里强调的是高深学术，是培养硕学闳才和专门人才。高等教育领域中大学和专门学校的区分标准是"学"与"术"，前者重在学术研究，后者重在应用技术。政治上、思想上的限制与要求，即所谓"忠君""尊孔"，在培养目标中被取消了，特别是在民国前期，由于蔡元培的努力和他广泛的社会影响，中国近代高等教育得以在教育理念上有了一次大的飞跃。正如有些研究者指出的："只有在这一时期，中国才真正开始致力于建立一种具有自治权力和学术自由精神的现代大学。"西方高等教育理念的核心，即大学自治和学术自由的观念，通过蔡元培的理论倡导和身体力行，第一次较全面地被国人所认识和接受。蔡元培在对北京大学的改造中，反复强调学术自由、兼容并包的办学方针。从一定意义上可以说，正是蔡元培在北京大学的努力，才使中国高等教育在教育理念和培养目标上，从根本上动摇了以培养"内圣外王"的"贤士""君子""循吏"为目标的主流传统。在这里要强调说明的是，蔡元培在宣传、倡导西方大学理念的同时，也充分利用了中国封建社会高等教育的非主流传统，即弘扬古代书院浓厚的学术氛围、师生间砥砺德行互相切磋的融洽之情，以及相对的独立地位等。

在课程体系和教学内容方面，民国时期与清末相比较，最大变化是废除了反映封建传统文化的科目，增加了大量新学科，在人文社会科学方面如此，在自然科学和技术科学方面更是如此。据统计，1919年《大学规程》中开列的课程科目总数比清末《癸卯学制》规定的多300多门，专科学校课程也比清末相应学堂科目增加了1～2倍。蔡元培主持下的北京大学于20世纪20年代开设的课程中，有许多在欧美一些著名大学中也是刚刚起步。

中华人民共和国成立后，关于高等教育培养目标的明确表述，最早见之于政府法规文献的是1950年7月政务院批准的《高等学校暂行规程》，其中规定："中华人民共和国高等学校的宗旨为根据中国人民政治协商会议共同纲领第五章的规定，以理论与实际一致的教育方法，培养具有高级文化水平、掌握现代科学和技术的成就，全心全意为人民服务的建设人才。"在这里，除去头、尾两处有关政治方向的要求之外，其核心内容是培养具有高级文化水平、掌握现代科学和技术成就的建设人才。与民国时期高等教育的培养目标相比较，在政治上提出不同要求是十分自然的。应该说，作为高等教育的特点还是体现了出来，"高级建设人才"的提法也涵盖学术人才与专门技术人才。当然，由于特定的国际、国内环境，所谓"大学自治、学术自由"等，在刚刚取得政权的社会条件下，是不会受到关注的。相反，对大学中旧知识分子的改造很快就提上了议事日程。在课程体系方面，构建了以马克思主义理论著作为基础的新课程体系，进一步发展的则是借用苏联的课程体系。

在 1956 年至 1957 年，中国高等教育领域出现了一股追求大学自治、学术自由的风潮。知识分子响应中国共产党"百花齐放，百家争鸣"的号召。

1961 年，《中华人民共和国教育部直属高等学校暂行工作条例（草案）》（以下简称《高教六十条》）颁布，对高等学校培养目标做了前所未有的详细规定："高等学校学生的培养目标是具有爱国主义和国际主义精神，具有共产主义道德品质，拥护共产党的领导，拥护社会主义，愿为社会主义事业服务、为人民服务；通过马克思列宁主义、毛泽东著作的学习和一定的生产劳动、实际工作的锻炼，逐步树立无产阶级的阶级观点、劳动观点、群众观点、辩证唯物主义观点；掌握本专业所需要的基础理论、专业知识和实际技能，尽可能了解本专业范围内科学的新发展；具有健全的体魄。"可以说，这是近代以来关于高等教育培养目标字数最多的一次表述。

1978 年，教育部对 1961 年颁布的《高教六十条》略做修改，引发了全国高等学校组织讨论，其中，关于高等教育的培养目标完全是原来的表述。这说明了在改革开放初期，注重专业知识的问题已被提上议事日程。1980 年 2 月，全国人大颁布了《中华人民共和国学位条例》，其中规定对在高等学校和科研机构的毕业生与科研人员经过严格考核，分别授予学士、硕士和博士学位，其目的是促进科学专门人才的成长，促进各门学科学术水平的提高与教育和科学事业的发展。

1985 年 5 月 15—20 日，中共中央、国务院在北京召开全国教育工作会议。会议讨论了《中共中央关于教育体制改革的决定（草案）》研究了实行教育体制改革的步骤和措施，5 月 27 日，中共中央颁布了《关于教育体制改革的决定》（以下简称《决定》）。《决定》指出："高等学校担负着培养高级专门人才和发展科学技术文化的重大任务。"这是中华人民共和国成立以来，第一次如此明确地把高等教育的任务归结为培养高级专门人才和发展科学技术文化。这次会议另一项与高等教育理念有关的重大决定是，明确提出要扩大高等学校的办学自主权，"使高等学校具有主动适应经济和社会发展需要的积极性和能力"。可以说,《决定》给予了我国高等学校自中华人民共和国成立以来从未有过的自主权。此外,《决定》还强调了高等学校是教学、科研中心,而不是像苏联模式那样,要么负责教学,要么负责专业培训和改革教学内容、教学方法、教学制度及提高教学质量,开展教学改革试验,改变专业过窄的状况,增加选修课,实行学分制和双学位制等,努力借鉴和移植先进国家高等教育的课程体系与教学内容。

进入 20 世纪 90 年代,随着改革开放的深入和经济体制的转变,中国高等教育的发展进入一个新历史时期。1994 年 7 月,国务院颁发《关于中国教育改革和发展纲要的实施意见》,提出要进一步发挥高等学校在国家科学技术工作中的重要作用,实施"211 工程",面向 21 世纪,重点建设 100 所左右的高等学校和一批重点学科。1998 年 8 月,全国人大制定并颁布了《中华人民共和国高等教育法》,规定"高等教育的任务是培养具有创新精神和实践能力的高级专门人才,发展科学技术文化,促进社会主义现代化建设","高等学校应当面向社会,依法自主办学,实行民主管理"。这是中华人民共和国成立 50 年来制定颁布的第一部高等教育法,它突出强调了培养高级专门人才和办学自主权,全面肯定了改革开放以来我国在高等教育办学理念、培养目标、管理体制等方面取得的共识。与此同时,随着经济的发展和人民群众接受高等教育需求的不断增长,西方发达国家高等教育大众化的理念正在日益被人们所接受,并逐渐转化为政府的教育政策。可以说,中国近代高等教育在经历了整整一个世纪的曲折之后,终于有了明确的、与世界高等教育发展同步的理念、目标和方向。

三、我国高等教育的类型

国家教育发展研究中心将我国高等教育分为四种类型。

（一）研究型大学

研究型大学的明显特征是学科综合性强，每年授予的博士学位数量多，培养的人才层次为本科及本科以上学历，满足的是对高层次研究型人才和研究型成果的需求，研究生占到 20% ~ 25%，每所学校每年授予博士学位的数量至少为 50 个。

（二）教学研究型大学

教学研究型大学的教学层次以本科生、硕士研究生为主，个别行业性较强的专业可招收部分博士研究生，但不培养专科生。

（三）教学型本科院校

教学型本科院校的主体是本科生的教学，在特殊情况下有少量的研究生或专科生。

（四）高等专科学校和高等职业学校

高等专科学校和高等职业学校体现了高等教育在学校、专业设置上最灵活的部分，主要是为了满足当地经济建设及社会发展的需要。

第七节　现代教育理念

一、现代教育理念的内涵

"教育要面向现代化，面向世界，面向未来"，这是邓小平同志 1983 年 10 月 1 日为北京景山学校的题词。题词发表后，迅速为各大媒体所转载，在全国上下引起了巨大反响，并由此拉开了教育界改革的序幕。

教育必须为社会主义现代化建设服务，社会主义现代化建设必须依靠教育。这是邓小平关于教育要"三个面向"思想的基本要求。因此，现代教育要适应政治、经济、文化的飞速发展，必须以更加创新与完善的理念引导现代教育改革。综合起来，现代教育理念大致可以归类为以下几个方面。

（一）以人为本的理念

21世纪的今天，社会已经由重视科学技术为主发展到以人为本的时代，教育作为培养社会所需人才来促进经济社会发展的事业，更应当体现以人为本的时代精神。因此，现代教育强调以人为本，把重视人、理解人、尊重人、爱护人、提升人和发展人的精神贯穿教育教学的全过程、全方位，它更关注人的现实需要和未来发展方向，注重挖掘人的潜能，重视人自身价值的实现，从而不断提高人的生存和发展能力，促进人自身的发展与完善。

（二）全面发展的理念

促进人的自由全面发展是现代教育的宗旨，因此它更关注人发展的完整性、全面性，表现在宏观上，它是面向全体公民的国民性教育，注重民族整体的全面发展，以大力提高和发展全民族的思想道德素质与科学文化素质，提高民族的知识创新和技术创新能力，增强包括民族凝聚力在内的综合国力为根本目标；表现在微观上，它以促进每个学生在德、智、体、美、劳等方面的全面发展与完善，造就全面发展的人才为己任。这就要求人们，在教育观念上实现由专业性教育向通识性教育的转变，在教育方法上采取德、智、体、美、劳等多育并举、整体育人的教育方略。

（三）素质教育的理念

现代教育更注重教育过程中知识向能力的转化工作及其内化为人们的良好素质，强调知识、能力和素质在人才整体结构中的相互作用、辩证统一与和谐发展。针对传统教育重知识传递、轻实践能力，重考试分数、轻综合素质等弊端，现代教育更加强调学生实践能力的锻造，全面素质的培养和训练，主张能力与素质是比知识更重要、更稳定、更持久的要素，把学生综合素质的培养与提高作为教育教学的中心工作来抓，以帮助学生学会学习和强化素质为基本教育目标，旨在全面开发学生的诸种素质潜能，使知识、能力、素质和谐发展，提高人的整体发展水准。

（四）创造性理念

传统教育向现代教育的重要转型之一，就是实现由知识性教育向创造力教育的转变。因为知识经济更加彰显了人的创造性作用，人的创造力潜能成了最具有价值的不竭资源。现代教育认为，教育教学是一个具有高度创造性特点的过程，以启发、点拨、开发、引导、训练学生的创造力才能作为其基本目标，主张以更新颖的教学手段和美好的教学艺术来创造出教育教学环境，从而更好地培养创造性人才。现代教育主张，完整的创造力教育是由创新教育（旨在培养学生的创新精神、创新能力与创新人格）与创业教育（旨在培养学生的创业精神、创业能力与创业人格）二者结合而形成的生态链构成。因此，加强创新教育和创业教育并促进二者的结合与融合，培养创新型、创业型、复合型人才成为现代教育的基本目标。

（五）开放型理念

当今时代是一个开放的时代，科学技术的快速发展，经济的逐步全球化使世界成为一个紧密联系的地球村。以前的教育格局将被打破，取代它的是一种全方位开放的新型教育。这种新型教育包括教育方式的开放性、教育过程的开放性、教育观念的开放性、教育目标的开放性、教育评价的开放性、教育内容的开放性等。

（六）多样化理念

现代社会是一个日益多样化的时代，随着社会结构的高度分化，社会生活的日益复杂和多变以及人们价值取向的多元化，教育也呈现出多样化发展的态势。这首先表现在教育需求多样化，为适应经济社会发展的要求，人才的规格、标准必然要求多样化；其次表现在办学主体多样化、教育目标多样化、管理体制多样化；最后表现在灵活多样的教育形式、教育手段，衡量教育及人才质量的标准多样化等。这些都对教育教学过程的设计与管理提出了更高要求和挑战，它要求根据不同层次、不同类型、不同管理体制的教育机构与部门进行柔性设计和管理，它更推崇符合教育教学实践的弹性教学与弹性管理体系，主张为教育事业的发展提供更加宽松的社会政策法规体系与舆论氛围，以促进教育事业的繁荣与发展。

（七）生态和谐理念

自然物的生长需要良好的自然生态环境，人才的健康成长同样需要宽松和谐的社会生态环境的滋润。现代教育主张把教育活动看作一个有机整体，这个整体不仅包括教育活动的教师、课堂、学生、教育、实践、内容和方法诸要素的融洽与和谐统一，还包括教育活动与整个文化氛围和环境设施的和谐统一，把融洽、和谐的精神贯注教育的每个有机要素和环节之中，最终形成统一的教育生态链整体。

（八）系统性理念

随着知识经济的来临及学习化社会的到来，终身教育成为现实。教育成为伴随人一生中最重要的活动之一。因而，教育不再是学校单方面的事情，也不是个人成长的事情，而是社会进步与发展的大事，是整个国民素质普遍提高的事情，是关乎精神文明建设及两个文明协调发展的全局性、战略性大业，它是一项由诸多要素组成的复杂社会系统工程，涉及许多行业和部门，只有全社会普遍参与、共同努力才能做好。因此，与传统教育不同，转型时期我国正在形成的是一种社会大教育体系，它需要在系统工程的理念指导下进行统一规划、设计和一体化运作，以培养人们的学习能力、提升人们的生存和发展能力为目标，以实现社会系统内部各环节、各部门的协调运作、整体联动为基础，把健全教育社会化网络作为构建教育环境的中心工作来抓，促进大教育系统工程的良性运行与有序发展，以满足学习化社会对教育发展的迫切要求。

二、高等学校现代教育理念

（一）高等教育理念的概念

我国学界对教育理念问题的关注和研究，始于 21 世纪之初的基础教育新课程改革。新课程从教学目标的确立到教学内容的编排，再到教学方式的设计，都与传统课程有着根本的不同。首先，教师要想适应新课程的教学工作，必须转变教育思想和观念；其次，教育理念研究逐渐从基础教育领域进入高等教育领域。从已有教育理念的研究成果来看，其概念界定比较有代表性的观点如下。有学者从教学理性认识的角度出发，认为教育理念是从先进教育理论中演绎出来的有关教学活动的理性认识，是"教学应该怎样、为什么需要如此"的理想化认识，体现了教师对教学实践的价值期待及理想追求；有学者从现实与超越的视角指出，教育理念不仅包括教师对教学问题的现实性认识，还包括教师对教学问题的前瞻性价值判断与结果选择；有学者主张从教学规律的角度解读教育理念，指出教育理念是教师对教学与学习活动内在规律的认识，是教师对教学活动的看法及持有的基本态度与观念；有学者从大学教师的维度指出，教育理念是指大学教师头脑中观念性地存在着的，关于学科教学和学生智慧发展等方面理论与信念的综合体，是指导教师教学实践活动的理论基础；有学者从融合与统一的视角指出，教育理念就是教学理念和教学理想的一种融合，是主观和客观的一种融合，是认识和信念的一种融合，是思想和行为的一种融合，是事实判断和价值判断的一种融合；有学者则从教学思维和教学价值观的角度出发，指出教育理念是关于教学的根本看法与思想，是教师对教学问题进行思考获得的结果。综上所述，学者对教育理念概念的解读和界定，虽然存在认识视角和侧重点的不同，但也反映了一些共同特点，即都主张把教育理念理解为教师对教学做出的主观认识和价值判断，是教师对教学表现出的态度与信念、期待与追求，是教师对教学持有的思想与观念。

基于上述分析，我们认为，高等教育理念是高等学校教师在长期教学理论学习与教学实践反思基础上创造生成的对教学活动价值及其本质规律的认识和判断。从本质上说，教育理念体现了高等学校教师对"教学究竟是什么"及"教学到底能做什么"的理性思考，深刻反映了教师对教学的应然状态与理想状态的憧憬，因而表现为一种指向教学实践活动未来的精神范式和理性品格。高等教育理念不同于教育观念，教育观念或者是以"非系统化"的方式呈现关于教学实践的感性认识，或者是以"意识形态"的方式呈现关于教学实践的理性认识，具有强烈的现实性色彩。高等教育理念也不同于教学理想，教学理想是教师对未来教学实践发展趋势的把握、想象和憧憬，它不仅具有鲜明的情感性特点，而且具有极为突出的信念性特征。高等教育理念处于教育观念和教学理想的联结点与关键点的位置，较之于教育观念，它往往弱化了现实性而更具信念性；较之于教学理想，它往往弱化了信念性而更具现实性。教育理念在高等学校教师的教学实践活动中发挥着方向性和主导性的价值作用，是更新教师教学行为的先导和灵魂。教育理念渗透和融入高等学校教师的教学过程之中，不仅影响着教师对教学内容的讲解、对教学方法的运用及对教学进程的调控，而且影响着高等学校教师的教学态度及其对教学认知、情感和行为的投入程度，因而是高等学校教师教学成功的最深层支撑力量。

（二）高等教育理念变革的趋势

进入 21 世纪以来，随着我国高等教育大众化进程的不断推进，高等教育条件保障机制等方面遇到了难以预料的困难，由此引发的人才培养质量争议成为高等教育的热门话题。政府和高等学校回应这种社会争议的积极举动就是实施"高等学校教学质量与教学改革工程"，试图既改善高等教育的条件保障状况，又注重将物化的环境与条件转化为人才培养所必需的制度建设，不断推进教育理念创新。

1. 全面落实科学发展观

科学发展观的第一要义就是发展，包括高等教育的发展和人的发展。围绕以人为本这个核心，人才培养工作必须是全面协调、可持续发展的，这也是终身教育和学习化社会思想的基本要求。贯彻党的教育方针，推进素质教育，坚持"巩固、深化、提高、发展"的方针，遵循高等教育的基本规律，牢固树立人才培养是高等学校的根本任务、质量是高等学校的生命线、教学是高等学校的中心工作等都属于新的高等教育理念。

2. 建立健全大教育观

建立健全大教育观具体表现在优质高等教育资源共享上，通过新教材和立体化教材建设、网络教育资源开发和共享平台建设，建设面向全国高等学校的精品课程和立体化教材的数字化资源中心，建成一批具有示范作用和服务功能的数字化学习中心，完善服务终身学习的支持服务体系，提升我国高等教育的质量和整体实力。这需要充分考虑提高教学质量的系统性和复杂性，确定一些具有基础性、全局性、引导性的改革突破口，引导高等学校教育教学改革的方向，实现高等教育规模、结构、质量和效益协调发展；同时，也需要调动政府、学校和社会各方面的力量，把发展高等教育的积极性引导到提高质量上来，充分利用各方面力量支持高等学校的发展，切实解决高等学校在提高质量方面的实际问题，为高等学校办学创造良好的外部环境。

3. 不断鼓励和引导丰富多彩的高等学校教学创新

高等学校教学创新与高等教育质量提高是一对永恒的孪生话题。总体而言，我国高等学校教学创新在实践活动上可谓阵容庞大、气势恢宏，但在形式和内容上出彩不多。因此，在教学制度创新方面，学校要继续建立和完善教学评估制度、专业认证制度、高等学校基本状态、数据发布制度等；在教学活动创新方面，不仅要落实"教授、名师要上课堂"，还要努力建设高水平教学团队。同时，不仅应继续突出学生的主体地位，不断加大学生选课、选专业余地，通过学分制使学生学习的自主性、自我责任心进一步增强，还应通过各级各类大规模、高强度的教学研究与教学改革立项和成果奖励，推动教学方法改革创新的激励机制，根本改变教学方法改革创新零散、自发、孤立、短效的局面。

第三章 高等教育教学与素质培养的相关理论

第一节 教育管理学及相关理论研究

一、核心概念界定

（一）教育管理

我国的《教育管理辞典》将教育管理界定为："国家为贯彻教育方针，完成培养目的，对教育系统实施的计划、组织、控制等有较强目的性的连续活动，它包含教育行政管理和学校管理两大部分。"因此，我们可以从两个方面来揭示教育管理的含义。一个是从国家或者地方政府的宏观层面出发，为了实现国家或地区教育事业的发展目标而进行的教育资源优化配置；另一个则是从各类学校出发，为了实现培养目的，达到教学目标而对校内以教学为主的各项事务进行的统一而有规划的管理活动。简单来说，教育管理就是为实现教育目标，针对不同层级教育团体组织的教学活动而进行的高效资源配置。

（二）教育管理学

教育管理学是一门研究教育管理及教育管理规律的科学，它既具备科学的一般属性，又具备多个科学的学科性质，其中包括科学性、人文社会性、交叉性、综合性及应用性，因此将教育管理学定义为一门独具个性的双栖型、交叉型、协同型的综合科学，而其根本属性就是综合性。

从研究对象来看，教育管理学有广义和狭义之分，广义的教育管理学是指对整个国家的教育系统管理进行研究，而狭义的教育管理学是指对一定类型的学校组织进行研究。孙绵涛教授从学科体系的角度对教育管理学进行了阐述：一是著作体系，二是教材体系，它是由教育管理概论、教育管理活动论、教育管理体制论、教育管理机制论和教育管理观念论等构成的；教材体系可进一步细分为作为一门学科的著作体系和作为一门学科群的著作体系。

（三）教育管理学研究

教育管理学研究，顾名思义，就是对教育管理学进行研究，主要包括教育管理学学科体系的概念、教育管理学学科的历史发展与演变、教育管理学的学科性质与研究对象，以及教育管理学的研究范式、研究方法和教育管理学学科理论体系研究五个方面。

（四）素质与管理素质的内涵

1.素质的内涵

素质是反映人的内在的、本质的、道德情操和心理特征的范畴。现代意义上的广义素质是指构成人的基本要素的内在规定性，即人的各种属性在现实个体或群体中的具体实现及它们达到的质量和水平，它超出了遗传特征的局限，强调人在先天禀赋的基础上通过教育与实践活动发展而来的人的主体性的基本品质，是人的智慧、道德等的系统整合。

2.管理素质的内涵

管理素质是管理者在管理实践中表现出来的对管理知识和管理技能的合理运用，以及具备的管理理念和持有的管理态度，这种素质需要通过环境和教育培训获得。

（五）素质培养理念下的教育教学创新

素质培养理念下的教育教学创新是我国教育改革的重要组成部分，可以说素质培养理念下的教育教学创新是教育改革的首要任务。只有彻底破除陈旧管理思想的禁锢，现代教育教学理念才能得到树立，主要从以下两个方面开展工作。

一方面，素质培养理念下的现代教育教学理念创新是建立在学术自由基础之上的。这种创新不仅体现在学校的教学工作中，还体现在学校的教学管理工作中。学校不仅要营造和保护学术自由的土壤，遵循学术发展的规律，尊重教师的地位，保障教师的民主管理权利，还要通过成立学术委员会，在人才培养、学科建设等方面来加以塑造，只有如此才能保证教育教学工作的有序进行，让教育教学在自由、和谐的氛围中得到良好发展。

另一方面，素质培养理念下的现代教育教学理念创新应强调人本管理。不同于过去的客体管理理念，把教师和学生单纯地看作教学管理的客体、对象。人本管理是一种主体管理，它从人性的角度出发，凸显人的地位与价值。人本管理提出，教师、学生同属教育教学的主体，教育教学者应平等地对待教师和学生，承认和尊重他们的主体地位。人本管理认识到，教学是教学管理的中心，服务是教学管理的本质要求，教育教学者要强化服务职能，创造教学条件，优化教学环境，进行教学质量监控，提供教学反馈服务等，让教学管理真正做到服务教学，服务教师和学生，实现教、学、管三者的相互促进。

总之，素质培养理念下的教育教学应通过理念更新带动教学管理的实践创新，从而实现素质教育与素质培养的目标。

二、教育教学理论创新的内涵

（一）教育教学理论创新的含义及特征

教育教学理论是关于教育管理的一个知识体系，它的基本目标是在不断急剧变化的社会面前，建立一个充满活力的教育自适应系统。

在所有创新中，理论创新具有基础地位和先导作用，因此，在教育管理创新的过程中，也应该首推教育教学理论创新。笔者认为，教育教学管理理论创新就是对原有的教育管理思想、学说和理论进行扬弃，并且在创造性思维活动中，不断提出新思想、新学说、新理论的过程。教育教学理论的创新之本，在于教育管理理念的创新。从人类发展史来看，理论创新常常表现出突破性、彻底性和实践性三个特征，教育教学理论创新也不例外。

1. 突破性

理论创新就是对原有思想理论有突破性的见解和创新性的认识。教育管理创新要求教育教学理论与原有思想有所不同，应发掘出新的具有创造性的思想。

2. 彻底性

理论创新既然具备了突破性的特征，那就必然是深刻而又彻底的改变。一方面，教育教学理论创新要抓住典型的、带有根本性的案例本质，而不是细枝末节的东西；另一方面，教育教学理论创新要揭示教育事务内部的本质联系，而不是停留在现象层面上，只有这样，才能保证教育教学理论创新的彻底性和深刻性。

3. 实践性

理论创新后，只有在实践层面得到运用，才能转化为实际的生产力，推动社会的发展。教育教学理论创新后，创新的理论不会仅仅停留在"本本主义"；而将在实践发展必然性的要求下，投入教育管理活动中，一方面指导教育管理实践，另一方面在实践的过程中总结缺点和不足，更好地指导理论的下一次创新。

（二）教育教学理论创新的原则

当代管理理论创新是一项极为复杂的工作，基于中国现行教育教学管理理论的局限性，笔者认为，在进行教育教学理论创新时，必须明确以下原则。

1. 坚持以马克思主义历史观与价值观相统一的原则

马克思主义哲学揭示了人类社会发展的一般规律和资本主义社会的特殊发展规律，唯物史观是"关于现实的人及其历史发展的科学"；同时，马克思主义是关于无产阶级和人类解放的思想学说。科学性、阶级性和人类性的有机统一是马克思主义理论的本质特征。坚持以马克思主义历史观与价值观相统一的原则指导理论创新，保证了教育教学理论发展创新与运用的正确方向，确保了我国教育教学理论的先进性与正确性。

2. 把握好批判与继承相结合的原则

中国现行教育教学理论中包含的马克思列宁主义的思想原则及认识论和方法论，中华优秀传统文化中的教育思想和教育经验，都是我们应继承和发扬的。因此，要注意把握好批判与继承相结合的原则。对于中国过去一些行之有效的教育方法，在进行教育教学理论创新时不能将其全部否定，而应结合现代教育发展的要求，认真进行提炼，吸收到新的理论中来。

3. 积极践行从当前中国教育实际出发，积极推进教育教学理论创新的原则

受以开放性、后现代管理方法为特征的现代教育教学理论的影响，我国的社会主义教育管理理论和实践得到了巨大发展。新时期，我国的教育情况与以往相比已经在教育结构等方面发生了很大变化。在此情况下，我国教育界应从理论创新、理论与实践相结合的原则出发，积极探索适合我国当前实际的社会主义教育教学理论、教育教学模式乃至教学内容等，如此才能为我国经济社会的发展培养出更多有用人才。在新时期发展的关键阶段，我国教育界切不可盲目照搬西方国家的教育教学理论，而应从我国的社会主义核心价值观和党的二十大精神出发，积极践行教育理论与当前我国教育实际相结合的原则，稳步推进我国教育事业步入新的发展阶段。

第二节 素质培养前提下高等教育教学发展的趋势

一、从经验管理向全面综合性管理发展的趋势

经验管理是凭借学校教育教学者个人经验而进行的管理，经验是学校教育教学者个人的感性认识。正确经验能综合分析与处理学校管理中的问题，凭借经验能比较简便、迅速地处理曾经发生的类似问题。但是，经验往往受学校教育教学者个人情绪和记忆的影响，没有统一的标准与规范，容易造成不稳定性，甚至造成严重失误；社会在发展，学校教育教学事业不会凝固在一个水平上，而经验仅仅是对学校过去教育教学活动的认识，难以适应变化发展的客观形势；有时，经验会造成思想保守，只相信经验有用，按经验办事，而不积极主动也不虚心学习别人的先进经验，以致管理者老是停留在原有水平上。由此，经验只有上升为理性认识，才具有普遍指导意义。

新时期，随着教育改革发展步伐的加快，学校教育教学科学化必将成为未来教育事业发展的主流。学校教育教学从经验管理向全面综合性管理发展的重要标志是：学校教育教学思想先进化，学校教育教学管理体制与组织合理化，学校教育教学队伍专家化，学校教育教学决策科学化和民主化，学校教育教学内容多元化，学校教育教学方式现代化，学校教育教学手段自动化，学校教育教学质量标准化，学校教育教学效益层次化，学校教育教学环境最优化。

二、从"以物为中心"向"以人为中心"管理发展的趋势

高质量的人员、丰厚的财源、充裕的物力，是办好、管好教育的可靠基础，如果缺少人、财、物等资源的支持，教育活动就会受阻，将会影响教育事业的发展和

学校教育教学成效的提高。近年来，有些学校在增加教育经费更新教学设备的情况下，教育质量与教育效益却没有得到明显提高；而有些学校教育经费、教学设备虽没有大的改善，但因教职员工士气旺盛，积极性高，新信息及时、准确，沟通迅速、灵活，教育质量和教育效益不断步上新台阶。这些事实使人们深刻认识到，人是学校教育教学活动的主体，人的积极性、主动性和创造性的充分发挥，是学校教育教学活动成功的保证。进入 21 世纪，学校教育教学正从"以物为中心"向"以人为中心"发展与转变，为此学校管理层应做到：第一，在指导思想上，积极关心人、尊重人，视教职员工为学校教育教学的主体，最大限度地调动其积极性、主动性和创造性；第二，在管理方式上，以科学的手段和措施引导、激励受教育者、教职员工的学习与工作方式，以教育教学质量的提高促进学校的发展和对人才的培养；第三，开展多种形式的教育，提高教职员工的素质，包括道德品质、政治思想观念、知识结构与水平、学习与工作能力等。

三、从纵向管理向网络化管理发展的趋势

在新时期经济结构调整的背景下，现代教育组织系统内部横向的联系在加强，同时，普教、职教、成教之间的联系越来越紧密，特别是教育系统与社会公众之间的关系越来越频繁。这使现代各级教育组织系统不得不重视人际与公共关系的处理，以强化横向联系，改善组织系统的状态，树立良好的教育组织形象，争取公众的理解、支持与合作，达成内求团结、外求发展的目的。由此，从纵向管理向网络化管理发展必将是学校教育教学发展的新趋势和新特点。它要求教育部门做到以下几点：首先，建立运转灵活的信息网络系统和双向的沟通传播渠道，以有效地交流信息、沟通感情、转变态度，引起行为；其次，在宪法、法律允许的范围内开展公关活动，以塑造良好的教育组织形象，争取教育组织内部公众和外部公众的支持与合作；再次，充分发挥现代学校教育教学活力的源泉——传播职能，即通过各种传播媒介，将教育部门的方针、政策、目标、任务、要求和经营决策等信息，以及学校教育教学哲学、

教育组织文化向内部公众与外部公众传递，并吸取舆情民意，双向交流，增进感情，形成共识，发挥求团结、求发展的最佳效能；最后，建立与完善学校教育和家庭教育、社会学校教育教学网络系统，以统一教育力量，形成教育合力。

四、从理性管理向情感管理发展的趋势

理性管理是指学校教育教学者在教育活动中依靠已形成的概念、判断和推理来辨别是非、利害关系，以及控制行为的能力与过程。理性管理在只有一种观点、一种舆论导向的情况下，对于全面贯彻方针政策、统一意志和行动、朝着预期目标前进具有十分重要的作用。然而，改革开放的浪潮冲破了封锁与禁锢，各种流派、理论和观点蜂拥而至，使人们眼花缭乱，莫衷一是。对此，每个人无一不受到影响。思想活跃、自主性增强就是这种影响的重要特点之一。由此，现代学校教育教学者要实现有效的管人、用人和育人，仅靠理性管理是远远不够的；不仅可能会导致学校教育教学者思想僵化，缺乏应有的创造性与灵活性，还会使学校教育教学活动失去应有的活力。为此，一些教育部门在学校教育教学改革中，开始研究和运用情感管理，以培养学校教育教学主体良好的情感品质，从而有效地提高教育的效率和效果。

情感管理是指学校教育教学者在借助他人之力来完成既定任务的历程中，坚持以人治人，以情感人，强调从物质、精神、信息等方面满足人的需要，使教职员工及学生产生积极的情感与积极行为的动力，从而保证教育组织系统整体工作目标有效达成的活动和过程的总和。情感管理实质上是学校教育教学者增强情感意识，从培养自己与教职员工的感情入手，通过感情渗透和感情交流，达到深层次的情感认同。由此，情感管理的基本内涵应当包括确立群众观点，确立以人为中心的观点，确立以情感人和赢得人心的观点，关心和尊重被管理者的人格与满足他们的正当需要，以调动其积极性，进而培养自己高尚的情操和稳定的情绪状态，以保证学校教育教学活动有序运行。

五、从静态性管理向能动性管理发展的趋势

由学校教育教学者提出奋斗目标，制订计划，召开会议动员实施，听取汇报，分析情况，采取纠偏措施，最后总结评比。这种静态性管理模式，在封闭式社会中可以收到一定的管理成效。但是，它容易产生高高在上、主观臆断、偏听偏信等主观错误，从而导致决策失误。这种静态性管理在具有开放性特点的现代学校教育教学实践中是很难行得通的。许多事例证明，凡有知名度与美誉度的管理者，无不深入基层调查研究，走访学生及其家长、教师，和他们接触、谈心、聊天，即了解他们的工作质量情况、家庭和睦与生活状况，了解他们的困难与要求；传播有关教育方针、政策、规定、目标、任务和改革方案，以及人们急需知晓的信息，倾听意见，收集反应，通过语言、思想、感情等作用，影响对方，同时受对方影响，以激励士气，协调关系，创造"人和"关系环境，从而保证了优势地位和特色。两者比较的结论是，只有变静态性管理为能动性管理，才能有效地提高教育质量，多出人才，出好人才。

教育组织系统的能动性管理，是指各级学校教育教学者和教育、教学、生产、科研、人事、财务与行政管理第一线的教职员工接触、交往，而相互作用、相互影响、相互激励，在工作第一线实施预测、决策、计划、组织、控制和评估，以有效达成奋斗目标的连续活动历程。由此，能动性管理的特点是，各级学校教育教学者都是以深入现场、广泛接触、双向沟通、情感交流为基础，以指导激励、协调控制、改革创新、追求效益为目的，创建成功的人际关系、和谐的人事气氛、扎实的领导作风、最佳的舆论导向，以充分调动人们的积极性，发挥他们的创造性，保证以质高量多的人才产品为社会主义现代化建设服务。深入现场、广泛接触，就是各级管理者到群众中去，"要和群众联系，要真正懂得群众的感情，要使群众的思想感情深入我们的头脑中来"。双向沟通、情感交流，就是各级学校教育教学者要通过交朋友、结良缘，进行全方位的双向信息沟通和情感交流，在消除隔阂和心理障碍的基础上，实现心理互换和心理相容。指导激励、协调控制，就是各级学校教育教学者要通过联系群众，形成将心比心的情感互动。在情感交融、互相依赖、乐于接访的良好氛

围基础上运用自身的非权力性影响力去指点、引导、指示、教导教职员工，使其心甘情愿地进行工作，朝着高效率、高质量、高效益的方向迈进。改革创新、追求效益，就是各级管理者要从静态性管理转变为变革现状，锐意创新，不断放大学校教育教学功效的能动性管理。一句话，能动性管理是以动态性为特征的。

从动态性特征出发，管理者应从以下几个方面来展开学校的教育教学管理：第一，必须管理教育思想，保证教育方针的全面落实；第二，必须强化全面质量管理，保证工作质量与产品质量的不断提高；第三，必须按学校教育教学过程规律进行有序管理，保证学校教育教学的科学化；第四，必须有效处理例外事例，保证学校教育教学滚动发展；第五，必须坚持群众路线，从群众中来到群众中去，保证学校教育教学的民主性。

六、从信息化管理向智慧化管理转变的趋势

在智能信息技术的推动下，教育正发生深刻变革，不断加速聚合裂变，"互联网+"与教育的融合渗透不断深入，教育教学模式的系统与结构正在发生裂变，并引发新的教育形式。近几年，教育研究的热点聚集在教育信息化方面，包括翻转课堂、"互联网+"、慕课、微课、大数据、人工智能、云计算、虚拟现实、数字化校园，教育信息化在内涵、深度和质量上也在不断发展，并最终指向智慧化教育教学理念和模式的革新与转变。

（一）智慧化教育教学有利于促进各种资源的整合

在传统的教育教学实施过程中，管理者更多的是从工作绩效角度出发加以考量，因此，传统教育教学规则性强，灵活性不够，各教育教学部门间虽互有关联，但彼此间由于工作性质与重点不同，在一定范围内存在脱节现象。学校在建设智慧化教育平台的同时可开放评分，开通与校外的交流和沟通合作渠道，借鉴并引进校外优秀资源，实现教育信息化应用共享，提高教育教学质量；加强与企业的联系，利用

企业技术优势，与企业互联互通，借助各种教育资源有针对性地培养人才，为学生能力发展提供多元化发展的道路。

（二）智慧化教育教学有利于调动学生学习积极性

在传统教育教学模式中，师生之间更多反映为管理者与被管理者的关系，彼此之间的关系更多呈现对立性，以教师讲授为主，学生被动听课，学习主动性不高，学习效果不佳。通过利用现代信息技术支持，教授模式多样化，实现了现代信息技术与教育教学的完美碰撞。基于现代化教育理念，智慧教育模式从学生本位思想出发，强调学生不再是被教育者，而是教育的主体，教师不再是管理者，而是引导者；拓宽了学生对于智慧教育的认知，通过线上与线下联动教学，打破传统教育形式的束缚，为学生营造多元学习情境；通过信息化技术提供的设备操作，帮助学生进行课前、课中、课后的过程式学习；学生可以根据自身需求制订学习计划，使学习更有针对性，实现了在教育教学方面的自适应，充分调动了学生的学习积极性。

（三）智慧化教育教学有利于促进课堂教学互动

传统的课堂教学受教学资源有限、技术平台缺乏等因素制约，课程教学中互动性明显不足，教学效果打折。基于智慧教育理念的信息化技术支撑平台，直接实现了师生之间的无障碍交流，教师可以更好地丰富学习资料、构思教学设计、设计教学环节、活跃课堂教学氛围，智普教育平台能积极引导学生参与课堂教学活动中，激发学生的学习兴趣，既活跃了课堂中的学习氛围，又增加了课堂中的学生参与性，大力提升了课堂教学互动性。

第三节　高等教育教学工作特性的相关概念

一、工作动机

动机是指驱使个体完成一项任务的原因，这些原因包括物质报酬，来自上司、同事的认同，自我的兴趣及工作乐趣等。动机与创造力紧密相连，动机的功用在于使能，即驱使、激励一个有"能力"去创造的个体，"愿意"去从事某种创造性活动的主要因素。

如果动机缺位，那么即便个体拥有足够的专业知识和创造力技能，也可能因为不愿付诸行动，最终无法生成创造力。从创造力动机假说来看，动机可分为内在与外在两种。如果员工的工作动力来自好奇、兴趣及工作带来的挑战性等因素时，这就是内部动机；如果员工的工作动力来自物质的奖酬或者他人的肯定时，这就是外部动机。

可见，工作动机的定义就是，当人们追求对好奇的享受、兴趣、满足，以及对工作的自我挑战时，可视为受到内部动机的驱使，当个人在工作中获得乐趣及快乐越多，便越倾向于接受新挑战，便显示出较多的内部动机驱使；而外部动机则可从实质（如金钱、物质激励）及非实质（如他人肯定）的奖励两个方面来观察，当个体越能受到金钱或其他形式的奖酬所激励时，显示个体越受到外部动机的驱使。

二、工作特性

工作特性泛指和工作者有关的环境、薪酬、福利、学习、技能与安全感、满足感、成就感等外部及内部因素的总和。工作特性可从技能变化性、工作完整性、工作重要性、工作自主性及工作反馈性等五个方面来加以界定，这五项核心工作的特性会影响员工对工作意义的体验、对工作结果的责任体验及对实际工作结果的了解等三种主要心理状态，并进一步影响个体的行为与工作表现，当上述三种心理状态同时具备时，自我内在的激励作用最强。本书认为，工作特性就是指工作的各种不同属性，这些属性影响个人对工作意义的体验或对工作结果的责任体验的心理状态，最终使员工实现工作满足。

三、素质培养的工作特性

（一）教育教学中的思想教育作用

学校肩负着培养社会主义事业合格建设者和接班人的使命，要完成这一使命，高等学校就应做好思想教育和教育教学等方面的工作。因此，思想教育工作处于头等重要的位置，就高等学校而言，在教育教学过程中应把思想教育工作置于整个教育教学的全过程之中，贯穿教学的各环节之中。课堂教学是达到这一目的十分重要的环节，教师在传授知识的同时，应帮助学生树立牢固的、正确的精神思想。对不同年级的学生，教师应有针对性地开展各种类型的、体现社会主义核心价值观的主题活动；同时，还要注重对学生个体的教育工作，帮助所有学生形成良好的思想意识形态和心理状态。

（二）培养学生艰苦奋斗的精神

奋斗精神的实质在于奋斗，是为了实现个人崇高理想和远大目标而不畏困难险阻、奋勇拼搏努力，是为了追求美好生活而具有的积极精神状态。学校要培养学生的奋斗精神，就应从立德树人的角度来塑造学生持久而执着向上的精神力量，从而对学生的个人成长、事业追求等产生积极的引导、促进和激励作用。

学校在整个教育教学过程中，应积极创造条件，努力培养学生这种精神。无论是在不同的教学过程中还是在日常生活环节中，学校和教师都要对学生提出明确的要求，培养学生独立完成学习任务及独立生活的能力和素质。学校和教师应特别重视实习与社会实践环节对学生艰苦奋斗精神和素质的锻造作用。通过社会实践，不仅能培养学生顽强的毅力，还有助于培养学生适应环境的能力。

（三）组织能力的培养

素质培养中的组织能力培养是学校教育教学的重要内容之一。对于组织能力的培养，学校和教师除了要教育学生有好的思想方法外，还要给他们机会以形成这种能力。首先，教师应培养学生拥有良好的心理品质和行为习惯，这是组织能力形成的前提和条件。其次，学校和教师可通过具体艺术实践，培养学生的组织协作能力。比如，学校可以举办各类活动，让学生自己参与活动的全部过程，学会分工协调，亲身感受协作在工作与生活中的重要性，从而练就一些基本组织能力。再次，教师可利用班干部强化学生自我管理能力的培养与塑造。最后，教师要帮助学生制订各类活动的计划，不仅要在执行过程中加以指导，还要在工作结束时帮助学生做好总结，并指出其长处和成功的经验，帮助他们提高认识，使学生在实践工作中真正得到收益。

第四节　高等教育教学与素质培养的不同视角适切性分析

一、高等教育价值理论——个人与社会的融合就是适切

教育以塑造人的身心素质为发展目标，具有沟通个体与社会的特殊功能，由此可见，高等教育就是如何有效发挥其在个体素质培养与社会发展中的作用的问题。

不同的价值取向，对高等学校个体素质培养实践的发展有着直接影响。在一定时期内，它决定着个体素质培养活动发展的方向。人们按照一定的价值取向，通过主体的能动作用，创造出具有特定价值模式的个体素质培养方式。人们期望其发挥什么功效，希望被培养的人向什么方向发展，即创建什么类型的个体素质培养模式

和培养什么类型的人，都直接受其价值观的影响。因此，人才素质培养的价值取向是人才素质培养工作的出发点和落脚点。

教育主体都是社会中现实的人，他们都会对教育抱有某种期望，产生某种需要，并把自己这样或那样的期望与需要诉诸教育活动，力图按自己的期望与需要去规范乃至建构教育活动，实现某种教育价值目标。因此，任何一种教育活动都包含教育主体对教育价值的追求，这种追求是教育存在和发展的基础，正是因为这种追求，教育的价值才会真正得到体现。

（一）重视个体需求是教育取得成功的基础

1.重视个体需求是教育者教育工作取得成功的前提和基础

（1）人的可发展性是教育应以个体素质培养为本的内在逻辑。

文化造就完整的人，人又创造具有再生性的文化，教育的最高目的在于帮助人尽可能地表达并实现真正的自我、获得幸福。有力度的生活必须掌握属于自己的工具，这个工具就是接受适宜的教育来获得。因此，高等教育和高等学校要从学生出发，强调学生主体地位的学科基础和价值合理性，树立"以生为本"的基本理念和思想基础。

美国著名早期社会学家、美国社会心理学创始人查尔斯·霍利·库顿提出，人类本性最基本的特点就是可塑造性。所谓"可塑造性"，是指学生接受教育的能力和适应性并获得素质塑造的品质。教育人类学家在认同遗传因素的基础上，认为人的可塑造性表现在人的可要求性。所谓"可要求性"，是指人能被激发出理性和非理性的各种可能，并达到某种要求，并能被提升到一定的高度。高等学校人才素质培养的个体价值取向，主张高等学校人才素质培养应以个体素质培育为中心，强调根据个体的需要、兴趣、特长，促使个体素质的个性化。在教育过程中，特别关注个体生存、角色地位、就业、创新创业、自身完善和发展的精神性需要，以此制定培养目标和建构培养活动。认为个体素质培育的价值高于社会价值，有利于个体素质发展的培养就一定有利于社会发展。首要目标不在于谋求国家利益和社会发展，而在于发展个体各方面的素质，使学生真正成其为人。

（2）学生是高等学校存在的基础。

人的可塑造性和需教育性是教育应"以人为本"的内在逻辑，大学生缴费上学是大学教育应"以学生为本"的外在逻辑。大学首先为大学生而设。没有学生就没有教育、没有学校。甚至可以说，正是因为有学生要上学，才办学校。如果没有学生，大学就失去存在的根据；如果没有学生，大学组织就没有存在的理由。如果大学对学生来说没有价值，它就无法得到赖以生存和发展的社会的充分支持。因此，学校必须提供适合学生素质成长的教育教学服务，把目标有针对性地指向学生。

2. 重视个体需求，是办学主体实现教育目的的重要依靠

我国教育目的规定的社会价值取向就是培养出富有社会主义核心价值观的人。"建设者"和"接班人"是我国当前教育目的对受教育者成长与发展的统一要求，是"二位一体"的两个方面，既是建设者，又是接班人。教育目的要求培养对象在道德、才智、体质、审美等方面全面发展。全面发展是我国当前教育目的中关于人的素质培养的规定。假如说，教育目的的社会价值取向确定受教育者的发展方向和社会性质，指明各级各类学校的培养目标和方向，那么，教育中关于人的素质结构的规定就确定了受教育者发展的内容。

为了实现国家的教育，必须承认受教育者的主体地位，以人为本，培养受教育者的独立个性和创新精神，以满足受教育者生命之需要。人是可以发展的，这是学校教育的基本依据。人不仅可以有生理上的发展，还可以有心理上的发展，人在发展中会变得越来越有力量。人力是由体力、智力、心力等基本成分构成的，且各基本成分相互关联、相互作用。人力是可发展的（或可开发的），教育的基本目标是使人力获得综合协调发展，或整体和谐发展（或开发）。人的体力、智力、心力及其相互关联形成了人力的基本结构。关于智力，中国学者通常将其分解为：观察力、记忆力、思维力、想象力、操作（或实行）能力，这是五个基本的方面。另外，还可以说理解力、洞察力、演绎能力等，甚至可以说模仿力、创造力。在智力的诸要素中，思维力是核心。因为记忆离不开思维，而且思维参与的程度越高，记忆的效果越好；观察也离不开思维，离开了思维的观察，可以说是无用观察；操作自然也离不开思维。想象通常被认为是非逻辑的思维。关于心力，它包含一些基本成分，即内驱力（或情动力）、注意力、意志力、自评力（自我评价的能力）。内驱力大体是源于人的情感、兴趣需要等的心理力量。在心力的诸要素中，意志力是核心。兴趣没有意志的支撑就难以持久，而不能持久的兴趣其作用有限。自信心之类的心力因素也在一定条件下与意志有关。有研究表明，智商对人一生的发展并不起决定作用。在中等智商的情况下，一个人可以发展得很好。良好的智商只有在良好的心力配合下才能取得成功。因此，人们越来越重视智力与心力的协同发展。

人力开发得好，国家未来的建设者和接班人就有力量，就能更好地实现国家的教育目的。教育目的与人们的社会理想有紧密关系，它反映了人们的主观愿望。这种愿望与客观状况在多大程度上相吻合，对教育目的实现的可能性直接起作用。因此，以人为本，把人当作目的，改革传统的教育观念和教育方式，改革繁、难、窄、旧的课程结构和体系，建立民主、平等、和谐对话的师生关系，有利于促进人的创新等素质的发展与优化，从而更好地实现国家兴办教育的目的。

（二）个人与社会相融合是个体素质培养教育目标的适切性体现

构建社会主义和谐社会的工作方针是坚持科学发展观，社会以人为本，人以社会为本。高等学校人才素质培养目标就是让个体的素质和价值观得到塑造，并在价值观的塑造过程中，确立个体素质培养目标的定位——在兼顾社会需求的调适过程中，让学生个性化素质得到发展与培育。

首先，如果过度强调个人，就会忽视学生个体应遵守的共同社会规范，以及个人应担负的社会责任与社会使命，影响个体社会化的进程。这正是教育应该实现的目标——个体素质培养与社会发展这两大诉求之间的协调，这也是素质教育的核心精神之一。高等学校应将素质培养作为核心的教育功能加以对待，应将个体素质培养与社会发展这两大功能的发展以动态形式整合起来，以最佳模式将它们结合起来。可见，高等学校应尽可能地在教育实践操作过程中兼顾这两大功能发展，以科学的思维方法，让两大功能在教育过程中达到统一。

其次，从高等教育视角来探讨个人与社会价值的问题，这些问题的探讨最终要通过互动性的社会实践加以确认和修正。在知识经济时代，知识更新周期缩短，技术升级加快，社会职业岗位变换加快，大大增加了对个人在社会互动过程中的灵活性、综合性、适应性的要求。应对这种要求，高等学校人才素质培养目标应落实到个体的素质培养上面，只有这样才能将个体整个职业生涯发展中所需的素质和能力都统摄进来。换而言之，以人为本的人才素质培养不仅包括对个体的思维能力、问题解决能力、灵活适应能力、交际能力、学习能力等具有理智特征内容的培养，还要从素质培育角度提升学生个体在与社会互动的过程中认识自我、认识环境，以及对自我的发展、超越和创新。以学生为中心的价值观培养是学校教育的核心任务和目标，同时，对学生社会主义核心价值观的塑造也是必不可少的，如此才能实现学校教育的社会服务功能，二者在学校教育（特别是高等教育阶段）上是能加以统一的。

再次，高等学校在实施高等教育时，应以学生素质培养和价值的充分实现为教育出发点，在制度安排和教育教学内容设置等方面体现出这些要求、原则与方法。在高等学校的教育活动中，学校和教师应从各方面拓展受教育者这方面的主观能动性。学校教育者在素质培养教育活动中起着主导作用，不过学习者也必须在学习活动中发挥出主观能动性，素质培养的内容和范式才能更好地内化到受教育者身上。在此过程中，受教育者的主观能动性，也是教育教学过程中"以人为本"精神的体现，只有这样才能让高等学校的素质培养工作取得最佳效果。

最后，高等学校应充分发挥其教育的导向和激励作用，引导学生个人素质培养目标的达成，以及其在适应社会要求与竞争过程中应体现出来的个体性适切。从社会发展的内在逻辑来讲，越是坚持以人为本，让个体的素质得到全面培养和体现，就越能让其个体才能得到彰显和实现，社会也就能获得可持续发展。

总之，教育的个体培养诉求与社会需求都具有两面性，只有把这两者的需求整合起来加以发展，才能获得更好的效果，让个体与社会消极冲突的一面得到疏解，积极的一面得到发扬，从而促进个体与社会的多元有益发展。社会为人的发展创造条件，人的发展可以反哺社会。社会需要人才，人才也需要社会，二者相互作用可以找到交集。高等学校应在素质培养的过程中，以培养适切社会需求的个体和社会价值综合取向为指引，使个体的发展与社会的发展相合相生，相互支持，从而达到互利共赢，实现"以人为本"发展模式的初衷。

二、教育规律与社会发展规律双向互动下的素质培养适切性分析

（一）教育规律与社会发展规律紧密联系下的素质培养适切性

第一，人是社会的人，人的一切活动都与社会密切相关。社会为个人提供的发展条件越丰富，个人就越有可能根据自己的个性、爱好、特长实现个体化的社会活动与目标。而且，个体的发展水平和实现的目标也就会越来越高，同时，还会进一步促进其他个体的发展，并促进社会向更高阶段发展。在教育活动中，个体与社会的相互依存性是绝对的，独立性是相对的。

第二，教育既要满足对人的素质的培育与发展，又要实现社会的发展，任何一个方面被忽视，教育的功能就不能得到真正发挥。因此，教育活动的主体（无论是教师还是学生）既要尊重社会要求，又要尊重学生的个性化需求。教师要具有强烈的选择意识，在教育功能选择中，要在社会要求和个体素质培育取向的限度内加以综合判断，做出符合实际且有益于学生素质培育的教育模式、教学方式的抉择。

在教育活动的全过程中，教育过程的各要素，如教育目的、教育内容、教育方法和组织形式及它们之间的相互关系，教育事业发展的规模和速度及它们的变化等，都必然受到这个基本规律的制约和影响，一方面，社会发展和个体素质培育与发展之间，存在着颇为紧密的联系。社会发展规律对个体的素质培养来说是一种来自外部的制约性，对素质培育教育活动的全过程起到了较强的规约性作用。另一方面，个体素质发展和教育发展之间存在着本质的内在联系，个体素质的发展规律对教育活动全过程起到了一定的限制和指引作用，这种指引是一种基于教育目标的限定和规约。

第三，素质教育规律揭示的是素质教育主题下相关诸因素之间的联系，素质教

育政策主要是调节该教育主题下各要素与社会之间的关系。就教育规律而言，具有普遍性和永恒性，但素质教育的规律和政策等则是一定的权宜性的体现，素质教育规律同样是对素质教育主体之间联系的本质性反映，同样素质教育政策必须适应教育主体（无论是教师还是学生）的内在潜能与主观意志等的多重要求，如此才能减少教育教学过程中的失误。为此，教育管理者在制定教育政策时，应加强对素质教育规律的研究，加强对教育政策的科学论证和可行性研究，力求使教育决策科学化，使素质教育政策与素质教育规律尽可能保持一致。素质教育明确将社会的要求内化到学生个体素质之中，也是对学生个体各方面潜能的个性化塑造过程。素质教育既要适切学生个体心理和生理的规律，也要适切社会发展的规律。为此，高等学校应从教育理念、教学内容、教学方式等方面来适切学生个体素质的发展要求，教师创设的教学活动应在符合社会发展要求的条件下尽可能地促进学生个体素质的发展。

（二）教育规律与社会发展规律在素质培养中的关联性分析

在教育与个体素质发展和社会发展的联系中，社会发展规律对教育发展的制约和对个体素质发展的规范在教育活动中起主导作用。任何社会对个体素质的发展或教育都进行了规范，其实质在于这种规范是否顺应了社会发展的历史趋势和现实要求。

（1）教育规律对素质培养育人的引导。

社会对学生个体素质的发展或教育的规范，只有在个体素质发展和教育活动的实际进程之中才能得到实现。同时，在社会规范内化为人的身心素质的过程中，人的身心发展规律对教育的制约起决定作用。因此，教育对于学生个体素质发展起到了巨大的引导作用，这就是教育必须承担的责任。

（2）教育规律与素质培养教育功能之间的多种选择。

适应社会发展规律的教育功能不一定总能适应学生个体素质培养功能，为此，高等学校管理者和教师应选择那些能促进与发展个体素质培养功能的教育教学策略、模式或内容等。当这些要素能适合个体素质培养这个功能和目标时，教育主体就要综合考虑如何进行恰当选择。

从辩证发展的观点来看，素质教育必定会经过不断改造与重组，必将趋向于更高水平的辩证统一。对我国学校教育教学来说，管理者应根据我国实际，用科学的态度处理好社会教育与个体素质培养教育这两者之间的关系，应结合现实，正确抉择，使素质教育真正成为促进人和社会协调发展的教育形式。这也是我国当前素质教育功能理论研究必须关注的问题。对教育者和理论研究者来说，应创造条件，使学生个体素质培养过程成为将学生向符合社会发展所需人才转化的途径。

第五节　高等教育教学与素质培养不同视角的实践性思考

一、运用价值理论指导高等学校的素质培养

（一）教育价值理论的领会与解读

高等学校素质培养工作要想实现创新、快速发展，必须认真领会高等教育的价值理论。

"价值"的根本含义是人们利用的并表现了对人的需要关系的物的属性，是"物对人的有用性或使人愉快等属性"，或是"事物的用途或积极作用"。也就是说，"价值"是客体内在的属性、功能等对主体的需要具有的积极作用或有用性。"取向"就是选取的倾向性。

高等教育的价值，简单地说，就是高等教育的有用性。高等教育对谁有用，有什么用？这就是价值取向的问题。一般来说，高等教育个体价值取向认为，个体的价值高于社会的价值，否认外界因素对个性形成的作用；高等教育社会价值取向认为，社会价值高于个人价值，强调从社会的需要出发来规范教育活动，要求教育培养出符合一定社会准则的人，个人必须服从社会的需要。虽然难以断定高等学校的素质培养就是个人至上，但是在个体素质培养活动中，忽视个人或社会任何一个方面都

是片面的，其素质培养工作都会受到阻碍。

首先，高等学校在素质培养中不能忽视"人"。高等学校素质培养的对象是"人"，忽视了人的地位和成长规律，教育的效果将无所依附。同样地，高等学校素质培养也不能忽视社会的需要。脱离国家"元场域"的影响或"社会无涉"的教育从来都未曾有过。实际上，教育作为一项公共事业，国家的规训和引导是其得以发展的前提，政府举办教育是履行公共事务管理职责，高等学校素质培养则必须承担社会责任。

其次，高等教育的个体价值与社会价值既存在冲突，又相互统一。人们常常认为，教育实现个体素质培养和社会发展两大功能之间存在着绝对的对立与冲突，不能在教育过程中同时存在。因此，在选择教育功能时，通常不愿意根据具体的历史条件，考察教育两大功能状态的动态发展，选择二者最佳的结合模式。于是，常常确定一种功能，便排斥另一种功能。当执着于一种教育功能的选择而导致教育发展出现弊端和失误时，对另一种教育功能的选择便成为自然。

这种常常造成教育功能选择时的左右为难，教育实践操作时的步履维艰。因此，形成一种科学的思维方法，寻求在教育功能选择时达到两大功能具体的、历史的统一是教育理论研究的历史责任。可以说，高等学校应主动研究，深入领会素质培养的价值取向思想，以便能更好地服务于素质培养工作，更好地服务于个人与社会的需要。

（二）协调社会与个人发展需要，确定学校素质培养目标

1. 素质培养目标的概念

广义的素质培养目标是指主体对受教育者的期望或理想设计，即人们希望受教育者通过教育在身心诸方面发生什么样的变化，或者产生怎样的结果。素质培养目标是主体对现实教育的一种设想。素质培养目标中主体教育理想只有在教育中找到现实的结合点才能得到实现。

我国现阶段的素质培养目标是要培养社会主义事业的建设者和接班人，反映了我国历史发展和社会现实的双重要求。素质培养目标确定必须考虑到个人自身发展

需要与社会需要的辩证统一。接受培养的人才是当下社会历史生活中具体的人，离开了人自身的发展，素质培养本身就不会存在。同时，素质培养必须考虑社会的现实需求，离开了社会的需要，人才也找不到立足之地。美国哈佛大学校长德里克·博克的本科教育目标试图将"个人修养—合格公民—职业准备"三者融为一体，强调大学教育既要关注学生个人价值的实现，又要为社会发展和进步承担责任，以达到个体素质发展与社会发展、国家需要的和谐共进。

2. 素质培养目标的制定

素质培养目标有两种表现形态：第一种是以社会教育过程外部确定的目的为素质培养目标，通常是成文的教育目的；第二种是参与教育活动的当事人自己的培养目标，通常是不成文的教育目的。从主体来讲，有学生受教育的目的，教师从事教育工作的目的，国家等主体办教育的目的，各科课程教学的目的，家长送小孩接受教育的目的，等等。

随着知识经济时代的到来，创新型人才的培养成为现代教育一项重要内容。素质培养目标在同一文化传统中的演化体现出历史的继承性。演化发展到当代，各国各地区的人才培养目标渐次体现出相互借鉴、相互渗透的客观趋势。高度合理地提出恰当的素质培养目标，必须综合考察我国的历史传统和当前社会的时代要求，找到它们的结合点。

素质培养目标中设想的人的身心素质，既体现个体身心发展的需要，又反映时代社会现实的发展趋势对受教育者发展的客观需求；既为受教育者指明了一个发展的美好前景（方向），又提出了发展的要求（内容）。素质培养目标作为对教育结果的预期，可以作为评价教育结果和现实教育过程的依据。素质培养目标的评价功能关系到社会育才、选才、用才的科学标准问题。

3. 素质培养目标具有保持教育统一性与一贯性的作用

为了使多样的教育实践和教育理论研究能依据明确的意图与计划统一协调进行，按赫尔巴特的话说就必须用"唯一整体的素质培养目标"贯穿其中，即在不同时间、不同地点进行的教育实践、具有师生双边性的教育活动，以及在教育中起作用的众因素（如课程教材、学校环境等）等，要保证在促进受教育者的身心发展过程中前后连贯、横向联合，并协调整合到一个方向上来，素质培养目标在其中起统贯和导向作用。素质培养目标对未来的预期恰好可以起统贯和指引方向的作用。

课程教学目标和各项教育活动的目标，是学校素质培养目标在学科课程教学上和各具体教育活动上的具体化。当教育教学活动开始之后，被分解成的教学目的和要求又在教育者的工作过程与受教育者的学习及发展过程中逐渐整合起来。整合得好的教育教学活动能使教育者的工作目的与学习者的内在学习目标，以及学科教学目标和要求统一起来，如此既能充分发挥教师的积极性，又能促使学生（受教育者）的个性获得健全、和谐的发展。通过如此的教育，使个体与社会的素质培养目标同时得到实现。

4. 协调社会与个人的需要，确定学校（个体性的）素质培养目标

高等教育是建立在基础教育之上的专业教育，它与社会的政治、经济、文化发展密切相关，理应担负起引领和促进社会全面发展的责任。高等教育促进社会发展的价值应得到有效体现，否则整个教育体系及社会发展必将是病态的。素质教育也就在这样的背景下应运而生，这种教育的一个最基本目的就是实现个体的全面发展，使个人在德、智、体、美、修养和能力等多方面的综合素质与潜力得到充分开发，使学生成为全面发展的人。

（三）以个体发展为主线，实现人的全面发展

1. 将人作为教育活动的基点，促进人的自由发展

人本主义的最基本假设是每个人都有优异的自我实现潜能。那么，整个教育、学习的过程就是自我发展与实现的过程，这不仅是学习和教育的价值所在，从更广的意义上说还是生命的价值所在。基于这种观念，人本主义学习理论的重点，便是研究如何为学习者创造一个良好的环境，让学习者从自己的角度来感知世界，如何发展个人对世界意义之形成，达到自我实现的最高境界。

因此，高等学校在素质培养中应尊重人、爱护人、关心人、发展人和激励人，促进人的自由、全面、个性化发展；给人提供自我实现的舞台，满足人自我实现的需要。

对高等学校教师来说，在课堂教学中，应尊重学生的主体地位，反对注入式、填鸭式教学；应注重培养学生探究性学习的能力，重视学生课堂参与，让课堂成为学生阐发自己研究性学习成果的舞台。

2. 科学与人文相结合，促进人的全面发展

个体素质的发展内容又称"人的素质结构"，是教育目的的核心内容，即在设想中指明受教育者在品德、知识、体质、智慧、能力、情趣等方面的发展。从素质结构来讲，个体素质的发展内容包括人的心理素质和生理素质。心理素质又包括一般心理素质、文化心理素质和个性心理素质。从教育构成来讲，个体素质的发展内容可以是德、智、体、美、劳及各种能力等方面全面发展。

高等学校在素质培养过程中，应始终坚持以人为本，重视人的主体价值，既关注人的科学技术需要，也关注人的精神生活需求，培养出全面发展与个性化发展的人。可见，在高等学校素质培养中要以学生为本，应尊重差异，提供自由选择机会。

二、按照教育规律实施素质教育育人战略，充分满足社会需要

（一）按照社会要求和教育规律，构建素质培养体系

教育的内部构成要素，从静态角度来看，可以分为教育者、受教育者和教育中介（教育影响）三个基本要素；从动态角度来看，可以分为教育活动的目的、手段和结果三个要素。它们之间相互联系，相互依存。

1. 根据社会的要求和学生的期望，确立高等学校素质培养目标

教育必须与社会发展相适应，教育必须与人的身心发展相适应，这是教育活动的两条最基本规律。教育要促进个体社会化和社会个体化，就必须遵循社会发展规

律和人的身心发展规律，实现社会、人、教育在矛盾统一中的不断发展。社会发展规律对教育来说是一种来自外部的制约性，个体素质的发展规律对教育来说是一种来自内部的制约性。教育影响个体素质的发展，将社会的要求内化为人的素质，也充分发展人的个性潜能。教育既要适应人的身心发展规律，也要适应社会发展的规律。

个体素质发展与社会发展之间可能是一致的，也可能是不一致的。作为沟通个体素质发展与社会发展中介环节的教育活动，要充分利用个体素质发展与社会发展之间的一致性，有效地解决二者之间的矛盾和冲突。在教育过程中，尽可能地实现个体素质发展、教育发展、社会发展三者内在关系的历史统一。这是教育能否取得成效及成效大小的关键。在素质培养中出现的"成人"与"成才"的矛盾，是由于人们在教育价值选择上的"两难"思维在教育实践中产生的左右摇摆，实际上，只有以人为中心，以知识和社会为两翼，人才能站立得稳，也才能飞得高。

2. 根据素质培养目标，设计素质培养方案

素质培养主要通过课程教学实现。在制定素质培养方案时，要围绕素质培养目标设置课程体系，优化课程结构。为了适应学生多样化的学习需求，要正确处理通识教育与专业教育、共性教育与个性教育、理论教育与实践教育的关系，突出可选择性与开放性。在设计素质培养方案时，应允许学生自由选择感兴趣的专业，同时，逐步扩大选修课的比例，允许学生自由选择感兴趣的课程与最喜欢的教师。

3. 合理处理通识教育与专业教育的关系

从高等教育发展史来看，科学技术知识进入高等学校课程，虽然促进了高等学校的现代化转型，但同时开始了现代科学技术与人文学科抢占课程地盘的斗争。因此，以克服人文危机为主要任务的课程改革在高等教育发展中一直占有重要地位，其目的是使政治论和认识论哲学在教学实践中实现统一。为此，高等学校既应重视通识教育，又应重视专业教育。合理认识结构的意义，可以帮助我们理解合理知识结构对人的积极影响。高等学校既要培养合格的公民，又要培养一专多能的人；既要使学生学会做人，又要使学生学会做事；既满足个体的社会化，又满足社会的个体化。

（二）按照学生的身心发展规律，设计素质教育教学过程

大学的本性是一个求真、求自由的学术机构，是一个以大学问培育"大写的人"的文化组织。高等学校只有研究学生，了解学生，才能把握教学的尺度与分寸，提高教学的针对性与实效性。

1. 人的课程，重视教学过程的为人性

高等学校在人才素质培养理念上，要合理处理个人、学科与社会的关系，合理处理学校、教师与学生的关系，牢固树立"以人为本"的理念。根据学生的基础与兴趣，确定教学的内容、难度、方法与手段。在课程教学活动中，必须考虑这些"知识与技能"是否是学生喜欢并能学习的？学生在学习这些"知识与技能"时会形成什么样的情感和态度？学生的学习机制是什么？以什么样的结构和方式来组织这些"知识与技能"更能适合学生的学习？只有如此，才能真正落实素质教育的目标，实现对学生个体潜能的开发。

2. 课程的内容与难度要适合学生

（1）课程的内容要适应学生水平。

在以高等学校素质培养为核心的教学活动中，选择什么样的教科书很重要，需要考虑学生的需要及兴趣，并增加可读性与趣味性。在选择了教科书以后，还需要对教材进行取舍与更新。一方面，由于讲授的对象不同，学生的基础与兴趣不一样，为了使教材的内容更有针对性，应对教材做一定取舍；另一方面，由于教材的出版与发行需要一段时间才能完成，在网络信息化社会，知识更新与传播的速度非常快，已经出版出来的教材内容并不完全代表最新的研究成果，还需要随时进行更新与添加，具体有以下三个原则。

①教材的选择原则。自由教育重视经典，专业教育紧跟前沿。高等教育不仅要追随和适应社会发展，还要引领社会发展。为此，高等学校的专业教学内容应及时更新。如果高等学校采用的专业教材陈旧，落后于时代，那么学生所学知识将不能适应飞速发展的社会需求，更谈不上引领社会前进。

②课程的先修后续关系。教科书的系列性和强逻辑性很强，它具有某种内在逻辑法则。它以系列和群体的形式引领读者往更深、更高、更广的境界一步一步前行。在确定课程的开设时间时，要考虑课程的先修后续关系，尤其是理工科课程和一些应用性课程。

③课程内容难度原则。在学生最近发展区内，不宜过难也不宜过易，不宜过深也不宜过浅。

（2）课程的难度要适合学生。

课程和教学是高等学校培养人的主要途径，也是把教育思想转变为教育结果的环节或中介，同时是实现教育目的的手段。课程是指学校按照一定教育目的构建的各学科和各种教育活动的系统。无论是从教育理论的论述中，还是从教育现实的实践中，我们都可以窥视出课程在教育中的地位，人们形象地把课程称作教育的"心脏"，这主要是因为课程关涉着教育的质量、人才的培养、社会的进步。一般来讲，当课程内容的适切性较高时，课程能顺利地完成其固有的使命；而当课程内容的适切性较低时，课程根本无法顺利地完成其固有的使命，将会影响教育目标的达成。

此外，高等学校在课程学习难度上，应该设置可选择性，让不同基础的学生都可以找到适合自己难度的学习方式。既让每个学生都学得愉快，又让他们能在挑战自己的过程中享受成功的快乐。

3. 教学的方法与手段要适合学生

教育目标的"正确性"并不能确保教育过程和结果的"合理性"，教育目标不能靠教育内容的随意"组装"来实现"怎么教"比"教什么"更重要。从教育实践角度来看，高等教育目标不仅包括"学生最需要学什么"（学生）、"什么知识最有价值"（知识）等哲学议题，还体现为学术共同体内外不同教育价值观的冲突和协调。

（1）教学方法要适合学生。

高等学校要积极改革课堂教学方法，转变观念，由"听话教学"改为"对话教学"，由"一人独白"改为"师生对话"，由"一言堂"改为"群言堂"，实现"我"的课堂"我"做主，由"独唱"式到"KTV"式，引导学生群体参与。积极采用参与式教学法、问答式教学法、案例式教学法、研讨式教学法，理论联系实际，尊重学生差异。

不要把所有学生当作一个学生看待，即不要把学生当作一个抽象的人来看待，在参与方法上可以给予学生更多的选择性，积极研究个别对待与有效教学方法的问题。学生逃课，在很大程度上就是逃避无效课堂的表现。学问，既"学"又"问"，"学"了要"问"，要敢于让学生发问，鼓励学生大胆质疑，求证问题，引导学生的思维。学生应该觉得，他们是在真正地进行学习，而不是进行一种表演智力的因循性活动。

（2）教学手段要适合学生。

在教学手段的运用上，多媒体课件辅助教学已在高等学校课堂教学中广泛开展起来。但是，由于部分教师对现代教育技术掌握得不够，多媒体课件制作水平不高，多媒体课件辅助教学效果较差。运用多媒体课件辅助教学的目的是提高教学效果，结果反而降低了教学效果。其主要表现是：教师制作的课件有的全是文字板书，形式单调，而且对教材内容没有进行合理取舍；有的过于简短，仅是抄袭教材上的各章节标题，连本节课要学习的重点、难点都没有提炼出来；有的连篇累牍，几乎是讲义的翻版，教师讲课基本上是照着课件上的文字照本宣科。而且，有的课件文字部分序号混乱，没有体现层次关系；有的课件文字字号设置太小，文字颜色与底色对比不明显，导致坐在教室后排的学生看不清楚，不知所云。很多课件没有根据本节课教学目的的需要，把文字、图片、声音、动画与录像等有机结合起来，更有甚者，有的理科课程运用多媒体课件辅助教学时，对于一些复杂的计算题或推理题，没有设计计算或推理过程，而是直接用课件打出计算或推理结果，这种做法大大削弱了对学生思维能力的培养。

高等学校应加强对教师多媒体课件制作技术的培训，使多媒体课件辅助教学变负绩效为正绩效。尤其是要避免用课件代替学生思考，防止省略计算或推理过程，直接打出计算或推理结果，满足开发学生心智的需要。

（三）既有综合素质的培养，也有实用技能的训练

1. 科学精神、人文素质与创新能力并重

高等学校在素质培养中，要坚持科学精神与人文素质并重的原则。科学精神和人文素质是人类在探索世界、发现自我活动中形成的两种观念、方法与价值体系，是人类文化的同体两面，它们既让我们认识了"物性"，又让我们认识了人性。这两种精神在个体人格中凝聚成为人的综合素质中的科学素质和人文素质。高等教育应是科学教育与人文教育的结合，是科学研究和技术开发的结合，是实用教育与职业教育的结合。

2. 推进多种途径的育人素质培养方式

首先，虽然高等教育还不能达到普通教育和职业教育携手并进的程度，但如果两者能在某种程度上达到相互结合的水平，我们就会发现两者都对实现素质培养目标有所裨益。通过这种教育教学模式，学生既从实际经验中学习，又从学术课业中学习；既从课外兴趣活动中学习，又从学术课程本身中学习。其次，在高等教育中，高等学校应开设显性课程（包括理论课、实验实训课等）、隐性课程（包括校园文化与环境、课外活动等），不仅如此，高等学校管理者和教师还应积极创设各种主题活动，以增加课外研究性学习与创新性实验活动等方式达到对素质教育教学的落实。

3. 加强第二课堂教学

以大学阶段为例，学生起码应有一半时间在课外，忽略或轻视课外教育，也就让大学生丧失了一半的教育机会。因此，组织好、利用好课外教育环节，是高等学校素质培养的重要任务。从我国实际来看，社会实践、课外科技活动和课外文体活动是几种主要的形式。从职责分工来看，课内教育更多由任课教师主导，班集体建设等课外教育更多由班主任和学生工作系统引导。

三、高等学校素质培养战略具有全面的经济和社会价值

（一）高等学校素质培养适应区域社会需求

高等学校学生素质培养活动要适应当前经济社会发展的需求，同时要强化学校在这方面的特色。比如，学校应重点发展区域社会急需的专业。特色专业、特色学科、特色师资、特色课程与特色教材相互支撑、协调发展。同时，开发与利用所在地的区域性社会条件，整合社会教育资源，为学习者的素质培养提供支持和服务。总之，高等学校应立足区域优势，将区域经济社会作为研究的重点对象，既为区域发展提供科技与智力支撑，又将科研成果与科研方法转化为教学内容，为本校的素质培养服务。

（二）高等学校素质培养的国际化：内外动因

首先，高等学校在推动国际化策略时，必须先结合校内外情况进行综合性国际化策略评估、调整、修正，以及在此基础之上进行相应的强化。

其次，高等学校在实施国际化策略时，应以教师和学生流动性为主轴，让教师与学生获得良好的国际视野、国际性知识、多种语言能力等。这是高等学校素质培养国际化的重要外部动因。

再次，在经济全球化背景下，高等学校应从开放经济的时代背景来调整自己的教育教学思想和策略，要在融入国际化运作的教学范式下进行教学模式的规划、教学内容的选择，以便能获得教育的最大收益。对学生来说，无论是毕业后留在本地工作，还是出国进行更进一步的深造，必要的国际视野、语言知识及交际能力都是要具备的。这是高等学校素质培养国际化的重要内部动因。

最后，综合来看，高等学校的素质培养目标既为本国本地经济服务，也具有世界性的经济社会意义。

第四章　高等教育素质培养信息化研究

第一节　高等教育管理与素质培养信息化建设体系设计

一、高等教育管理信息化功能需求分析

（一）高等学校教育教学管理与素质培养信息系统结构的需求

高等学校在建设教育教学管理信息系统时不应该只根据现在的使用需求建设，还应该根据校园信息系统未来的使用需求建设，应建设一个适用范围广、使用功能全、便于学生掌握、内部网络安全等适用于高等学校内部的信息管理系统。

高等学校在建设教育教学管理信息系统时要根据学校教务系统设计独特的网络系统结构，设计一个整体，整体中应包含多个侧重点不同的管理模块，如对学生学籍的管理、对教师信息的管理、对系统的管理等。不同教职员工在进入高等学校教育教学管理信息系统时应选择相对应的管理模块，同时获得相应权限。

（二）高等学校教育教学管理与素质培养信息化各功能模块需求

高等学校教育教学管理与素质培养信息系统每个模块都有不同的需求，教育教学管理信息模块是整个管理系统中最重要的部分，与其他管理模块关联性较强。教育教学管理系统管理着整个学校教学系统的运营，系统内部各部门之间的联系较为紧密，要求工作人员必须掌握基础的数据、规范掌握操作方式、严格按照流程进行操作。教育教学管理信息系统能根据教室资源、师资配置、学生分班等信息智能安

排学生的课程，合理分配和利用教学资源等。

高等学校内部的教育教学管理信息系统模块设计应考虑人性化需求，遵循以学生为本，为师生服务的理念，使高等学校能更加科学规范地对教学进程的各阶段展开有效管理。

1. 维护管理系统模块

维护管理系统模块是指对系统权限、代码、口令的维护，及时更新系统数据，对系统进行备份，设置系统等日常管理系统的工作。

2. 管理学生信息的模块

管理学生信息的模块是指管理学生的注册信息、交费信息、数据信息、档案信息、学生证明信息、学籍信息等基本信息。

3. 管理教师信息的模块

管理教师信息的模块包括管理教师的密码信息、个人信息、课程信息、薪资信息、综合信息等基本信息。

4. 管理教学计划模块

管理教学计划模块是指管理教师的课程信息、专业教学计划信息、计划实施情况、学校日历信息、统计信息等教学计划信息。教学计划管理中最重要的部分是教师专业教学计划的信息，教学计划是智能排课的核心。

5. 智能安排课程模块

智能安排课程模块是指系统根据教学的教室场地、设备台套数、教师的师资力量、班级的人数等信息智能安排课程，其中应包括选课信息、排课信息、上课地点安排信息、上课时间安排信息、教师信息和课程具体信息等。

6. 管理考试模块

管理考试模块是指系统根据考试课程、考试人数、考试场地、考试方式等智能安排学生考试与监考。管理考试模块主要管理学生的考试信息，根据教师的人数、考试场地的空闲信息、学生的时间，智能安排学生的考试，并记录学生的考试情况。

7.管理选课模块

管理选课模块主要负责学生选修课程的安排，在特定的时间段为学生开放，供学生选择相关的课程,管理选课模块同时应为学生提供随时查询和智能打印等功能。

8.管理成绩模块

管理成绩模块主要负责学生成绩的记录、学生成绩的管理、学生的考试信息等，随时供学生查询成绩。

9.管理学生实践模块

管理学生实践模块主要负责管理学生的实践安排、实践计划、实践表现及实践成绩等实践信息。

10.评教模块

评教模块主要负责学生对教师的评价，模块中应包含教师的个人信息、教师的授课信息、专家互评板块、学生对教师的评价反馈及各层级的评教排名等信息。

11.管理毕业生模块

管理毕业生模块主要负责毕业生毕业资格审查，应包括毕业生的毕业资格审查数据设置、毕业生的学业资格审查和毕业生的档案等信息。

12.自主发展模块

学生可申请自主发展计划学分，各学院教务管理人员通过自主发展模块对学生自主发展计划学分进行审核、评定和统计。

二、高等学校教育教学管理与素质培养信息化建设体系框架

（一）高等学校教育教学管理与素质培养信息化软件平台建设

高等学校教育教学管理与素质培养信息化软件平台建设的主要服务对象是教师和学生，是以提高教育教学管理可行性为目的的信息化系统。高等学校教育教学管

理与素质培养信息化在系统的选取过程中，应该充分考虑系统的可操作性，系统应更多倾向于服务性和简洁性，为教师和学生提供更加舒适的使用体验；体系架构系统以其突出的服务性能在众多系统中脱颖而出，被应用为本系统的基础系统。

体系架构系统可以作为软件的载体，起到很好的整合作用，它可以承载很多具有相同目的的硬件平台，通过平台间的相互协作最终达到教育教学管理信息化目的。系统本身并不是与硬件平台融合，而是以媒介的方式加强硬件平台之间的交互，是独立于平台存在的，这也是体系架构系统架构松耦性的具体表现。为增加高等学校教育教学管理与素质培养信息化建设软件的简便性，需将各硬件平台接口整合为统一的服务接口，这样既可以提高资源的利用率，也可以实现最大限度上的管理。

体系架构系统具有很强的优势，首先从理念方面来分析，系统将 Java 作为编写程序语言，运用 Java 技术，以 J2EE 作为平台的基础规范，并将 J2EE 和 .NET 作为基础的网络平台；其次从技术方面来分析，将客户端技术与浏览器技术融入系统之中，并引入先进的技术设计理念，如中间件、组件技术和模块化设计等。

（二）高等学校教育教学管理与素质培养信息化数据流程体系构建

因为高等学校不具备开发高等学校教育教学管理与素质培养信息系统的能力，所以由高等学校出资寻找具有开发能力的软件开发商，开发商应该以高等学校的要求作为系统开发的目标，追求最高的技术性与经济性。以下是对开发原则的具体阐述。

1. 服务良好，实用性强

实用性是评价系统的重要标准，而实用性不仅表现在系统的操作难易上，还应该包括系统能解决实际当中的哪些管理问题。NJ 操作性是良好系统的基础，也是系统实用性的重要评估方面，除此之外，系统对教育教学管理过程中的问题应该具备很高的针对性，并且具有良好的解决方式。目前，高等学校以 Web 作为统一的网络基础，对于一些较为基础的教学信息可以通过互联网查询。开发的系统也应具备以上功能，使得师生可以快速通过系统网络查询教学信息，系统管理用户也可以更加快速便捷地完成教学任务安排、学生分层分类教学归类等相关管理实务的操作。

2. 系统的安全性

系统集中了高等学校校内的许多重要信息，因此必须保证系统的安全性。当系统受到外界侵入时，系统应该具备较强的抵御能力，以防止重要信息泄露或者系统内部信息被篡改。为提高系统的安全性能，应该采用身份验证与权限管理两方面相结合的方式。系统不仅应该对使用者在系统中的行为进行记录，识别恶意侵犯行为，还应该对内部数据进行实时备份，减少系统内部数据丢失的影响。

3. 兼容性和可扩展性

随着使用者对系统的要求日益增多，系统具备的功能也应该更加多样化，丰富的系统功能是通过系统更新实现的，但是系统更新过程中新增数据会对原始数据有一定影响，系统应该在保护原有数据基础之上再引入新功能，从而保证系统的安全性和稳定性。系统中包含的数据种类繁多，对于数据的格式应该采用统一标准，从而方便系统管理内部数据。

4. 维护便捷和操作简单

系统面对的使用群体十分庞大，当遇到操作高峰期时，系统的浏览量非常大，因此在设计系统时，应该考虑系统的负载能力，以确保系统在使用高峰期能正常使用，而不出现延迟、崩溃的情况。而且，在系统的使用群体中不同使用者对计算机知识的了解程度也不尽相同，因此在设计系统的过程中，为了让大多数人能正确地使用系统，应尽量保证系统的简洁性，应多以鼠标操作完成，减少界面中的输入操作。系统内部的各操作界面应该基本保持一致，对于较为复杂的操作应该给出相应的操作说明。

综合以上设计原则，高等学校教育教学管理与素质培养信息化的实现需要一个具有全面功能的系统和数据流程体系加以支持，之所以促进高等学校教育教学管理与素质培养信息化，是为了优化使用群体的体验，以更加方便的方式获得所需的准确信息。

三、基于WBS分解的高等学校教育教学管理与素质培养信息化建设体系构成

高等学校管理信息化的实现需要一个过程，要想加快其实现的速度，需要充实的理论基础，最重要的是要遵循相应的政策及制度，本书涉及高等学校教育教学管理与素质培养信息化采用"自上而下"的工作分解理论，根据高等学校管理信息化建设的特点，对其采用"由上而下"的方法，将该项目涉及的所有机关部门及人员都考虑在内，其中最重要的问题是对人员进行分类，它是项目实行的重中之重。

在分解过程中应该结合学校原有机构的特点，不能盲目分解学校的职能部门，在分解及整合项目时，必须先了解分解部门，明确部门设置原因，同时，结合其功能，再决定是否进行分解。

各职能部门的存在都具有重要意义，同时，各部门之间的工作目的相同，通过长时间的工作，各职能部门都会积累属于自身的经验。因此，在分解过程中不能以偏概全，对分解对象应该充分考虑其价值，不能全部否定，而是要充分考虑该部门积累的工作经验，以及对建设具有积极意义的意见应予以采纳，将工作分解理论与高等学校各职能部门的工作经验相结合，这样会更有利于高等学校教育教学管理与素质培养信息化的进行。

（一）高等学校教育教学管理与素质培养信息化建设功能模块

高等学校管理信息化系统应该具有多元化功能，而错综复杂的系统功能可能会影响到系统的正常运行，因此将系统功能按照功能不同分为不同的功能模块，以促进系统功能的正常运行，具体分为以下几种模块：系统维护模块、人员管理模块、教学模块、教务模块、自主发展模块等。这些模块包含系统维护功能、学生管理功能、师资管理功能等系统功能。

以下是对系统功能的具体阐述。

第一，系统维护功能。系统管理员具有最高权限，可以根据教育教学管理人员负责的事务分工不同来分别赋予不同模块的操作权限。

第二，学生管理功能。学生管理功能针对的对象是学生的基本信息和今后的学生学籍异动信息，将学生的基本信息以数据形式存储在独立的数据库之中，以便查询和应用。

第三，师资管理功能。师资管理功能涉及的方面较为复杂，除了教师的基本信息外，教师每学期上课工作量随着教学任务需求量的变化而变化，我们需要在该模块中设置各类工作量系数，系统就会根据教师实际上课学时乘以相对应的系数从而得出教师的工作量，为考核业绩和核算各学院工作量提供标准，同时为教师薪酬的界定提供依据。

第四，教学计划管理功能。相较于传统的排课方式，高等学校教育教学管理与素质培养信息化以后排课会更加简便。传统的排课方式是由教务管理人员统一排课，当确定正确无误后，由教务管理相应人员打印，并分发给相应的任课教师，这种方式相对较慢。教育教学管理系统不仅可以综合本身的数据，为排课提供数据支持，还可以自动识别安排课程过程中的错误，比如，重复、上课时间冲突等常见的错误。在系统完成排课后，教师可以通过网络了解自己的课程和全部课程，在需要时也可以了解其他教师的任教课程，以满足特殊情况下教师的调课需求，教育教学管理系统还可以根据教师上课需求合理地选取任课教材、安排教学场地等。

第五，考试管理功能。考试安排由系统通过自身掌握的数据信息，合理地安排考试地点及监考教师，学生、教师可以通过网络了解自己涉及的考试信息。

第六，选课管理功能。选课管理应当参照排课结果和教学规模，结合学生的选课结果，综合对课程的地点及时间进行安排。对于教学过程中需要参加的诸如计算机等级考试等各种级别考试，学生可以根据自身情况进行报名。

第七，成绩管理功能。学习成绩也可以作为学生的基础信息，在考试结束后，系统要将学生的成绩进行录入，方便对学生进行评估，分析成绩分布。而成绩的录入，是由人工完成的，主要由教师进行录入。

第八，教学质量评价功能。教师质量评价功能面向的群体主要是学生，在一学期教学即将结束前，学生应该结合自己的上课体验，对教师的教学效果进行评价，这些评价会反映给教师本人和相关部门，以促进教师教学方法的改进、教学内容的完善和教学质量的提高。

第九，毕业生管理功能。在临近毕业时，系统可以将学生课程修读、学分取得等情况通过设置的资格审查数据与专业培养方案进行比对，判断是否毕业，并统计出未取得学分的课程和相关信息，从而加快对毕业生学生的审核进程。

第十，自主发展功能。学生可申请自主发展计划学分，各学院教务管理人员对学生自主发展计划学分加以审核、评定和统计等。在毕业时，审查是否达到自主计划学分要求。

（二）高等学校教育教学管理与素质培养信息化建设组织模块

组织模块的划分和设置是对项目管理功能的进一步优化，可使项目管理功能得到进一步发挥，信息化建设管理效率得到进一步提高。项目实施是一个复杂的过程，对于项目的管理至关重要，为强化对项目的管理，使项目能达到预期结果，设置组织模块是十分必要的，但如何合理地设置组织模块又是一个重要问题，建立科学合理且简洁高效的组织体系和机构可以为项目的成功奠定坚实基础，为项目成功提供保证。

本书涉及的高等学校教育教学管理与素质培养信息建设项目中的组织规划和传统的规划方式不同，传统的规划方式是以部门职能及其在项目中起到的作用而决定的，本书涉及的项目是将组织规划为三个范围，形成纵向的组织形式，包括业务流程分析、系统构建顾问、数据库开发顾问三个方面。其中，系统构建顾问及数据库开发顾问两个方面具有较高的独立性，不受相应职能部门的管理，应由教务处负责人对其直接进行管理。随着组织机构的规划转变，相应的职能部门也应具有相应的变化，对部门的管理事务及具有的权力、责任进行合理调整，对内部的规范制度也应不断完善，形成新型的管理系统，最大限度促进管理工作的实施。

根据上述矩阵式组织规划，三方面组织作为项目实施的第三层，其中，业务流程分析由学校的各职能部门组成，其主要负责项目执行过程的监控与实施，对于项目执行过程中的信息变化进行及时总结分析，并实时监控项目阶段任务的完成程度。系统构建顾问则由网络管理人员组成，网络管理人员既可以是学校原有的管理人员，也可以是为完成项目而新招的网络工作人员。这些人员组成的集体并不受职能部门的管理，而是一个单独的整体，这样有利于保证系统构建的效率。数据库开发顾问的主要职能就是录入数据，高等学校在实行管理的过程中会生成许多数据，而这些数据的录入工作就是数据库开发人员的工作，为提高数据的准确性，可将参与人员分成具有不同职能的小组。

在高等学校教育教学管理与素质培养信息化建设的具体过程中，应该由高等教育副校长担任项目总指挥，由教务处处长担任项目经理，网络中心和各学院配合实施。高等学校教育教学管理与素质培养信息化建设是一个对计算机技术要求较高的项目，需要学校的网络中心作为信息总体架构搭建的技术支持，对于需要实现的功能，由教务处处长负责，各学院分别提议。在不同的实施阶段，各学院应对相应的功能进行测试，教务处处长统筹规划进行完善。功能需求提出、系统架构搭建及程序开发等各阶段的任务均需要进行反复测试和修正，整个过程的业务部分由网络中心、各学院职能小组人员具体实施，教务处处长总体负责，教学副校长实施决策，建立纵向职能分明、横向充分沟通的矩阵式组织架构。

第二节 高等教育教学管理与素质培养信息化建设实施方案

一、基于项目管理的高等学校教育教学管理与素质培养信息化建设的实施规划

（一）高等学校教育教学管理与素质培养信息化建设的实施内容

项目实施过程主要分为以下三个方面。

1. 业务流程分析

业务流程分析是项目进行的一条主线，其要求是对项目整体具有宏观的了解，并以高等学校教育教学管理与素质培养信息化建设需求为根据设立项目应达到的目

标及需求调查报告。从全局出发设定各阶段的任务目标，并实时了解项目进度信息，针对项目实施过程中出现的问题和未完成部分提出相应合理的要求。为确保项目顺利完成，业务流程分析还应该包括对参与项目人员程序功能和教育教学管理方面的培训。

2. 建立信息化系统

建立信息化系统首先需要对现阶段高等学校教育教学管理与素质培养模式进行全面了解，将高等学校教育教学管理与素质培养信息化建设的需求作为最终目标，综合两个方面提出项目的实行方向和脉络，综合考虑系统应具备的主要功能和各项功能模块应实现的业务功能，最终达到项目的需求。在确定项目实行方案之前，可以根据高等学校的具体情况确定是否沿用原有的管理系统，并以原有的管理系统为载体进行优化，最终达到项目要求。倘若不沿用原有的管理系统，那么可以开发全新的管理系统。当确定开发方向以后，应该形成相应的实体方案和设计任务书；形成项目建设中的行为规范，以此对项目进行规范；确定业务的运行环境，与项目未来的实行环境相结合，形成真正适合高等学校实施的教育教学管理信息系统。

3. 运行维护

在系统完成设计以后，对系统进行试运行，经过一段时间的检验，分析系统运行状况，记录并生成运行报告，待确定没有问题以后，再交给校方验收。在系统被校方使用以后，系统涉及的使用群体对系统进行正常的教育教学管理操作，以检验系统的运行情况，就使用过程中暴露的问题进行及时反馈，以便及时维护。

（二）高等学校教育教学管理与素质培养信息化建设的实施步骤

教育教学管理信息系统从设计到投入使用是一个较为长期的过程，在实施项目期间必须保证各阶段有序进行，因此制订切实可行的实施计划变得至关重要。在项目开始之前，教育教学管理信息系统项目的参与双方必须拟定并签署合同，合同中应对各方所该承担的责任和具备的权利做出明确规定。然后，将项目分为不同的阶段，并规定各时期的任务内容，保证任务的顺利完成。以下是高等学校教育教学管理与素质培养信息系统实施各阶段的主要工作。

1. 确定详细的建设范围

管理项目范围是一个整体概念，它会根据对象的不同而调整其包含的具体内容。管理项目范围包含的内容也较为复杂，为使建立的范围更加清晰，将其分为产品范围和项目范围两个方面。产品范围即教育教学管理系统包含的具体内容，产品范围管理可以将系统的人力需求最小化，规范系统的使用及功能，可以使系统各项功能得到充分的实现和应用。项目范围，顾名思义是针对于整个工程项目，它对项目实施具有较强的监管能力，从而提高各阶段项目实施的质量。具体范围的确定包括以下流程。①搜集需求。搜集项目最终要满足的需求，作为项目规划的基本依据，既可以通过与教育教学管理人员和师生之间的相互交流，也可以通过开会研讨、调查问卷的形式确定项目的最终目标。②定义范围。明确区分项目的不同阶段，并对各阶段应完成的任务给予严格规定。创建 WBS, 将项目包含工作按照"自上而下"的方法进行分解。③确定范围。对教育教学管理信息系统进行验收，也是成果交付的过程。项目最终的审查一般由高等学校校方进行，并由校方签字以确定验收。

2. 递交的工作成果

所谓"工作成果"，即项目完成后产生的最终结果，其中包括项目实施过程中的业务流程、实施过程中的实施信息、各阶段的工作成果、项目开发的相关文档及教育教学管理信息系统。待学校验收以后，还应该包含项目的技术支持和相关的维护协议等数据与资料。

3. 时间进度控制

在项目开始之前，项目参与方就应该确定相应的时间期限。根据项目不同阶段的难易，以及经济支持等多方面原因设立相对合理的时间计划，可以提高项目的完成效率和经济效益。在制订出合理的时间进度计划以后，可以通过项目里程碑表等资料参照，按照项目管理计划和进度计划等，尽可能在预期的时间范围之内完成相应工作，如果遇到特殊情况，实施计划有所偏离，则应该针对问题及时采取应对措施，以减少损失。

4. 制订人力资源计划

人力是项目实施的基本单位，而项目涉及的人员种类也很多，不仅包括开发公司的技术人员、工程师和管理人员，还包括学校的领导、教务处各科室职员和各院系的教务管理人员等。既然包括高等学校校方的重要人员，就要考虑工作与时间的冲突，高等学校校方人员应该将工作时间和参与项目时间协调好，从而为项目实施提供人力支持。项目的参与人员应该相互协作，并且分为三个层次，由高到低负责下一层的管理工作，其中，下一层的管理人员应该是上一层的工作人员，这样可以加快信息的上传下达传递速度。

在实施过程中，高等学校校方需要按照项目管理的步骤进行，首先确定高等学校教育教学管理与素质培养信息化建设的范围，在范围界定的基础上，制定高等学校教育教学管理与素质培养信息化建设的进度、质量、成本三大目标和计划，并通过人才素质培养、风险管控、采购管理等措施保障高等学校教育教学管理与素质培养信息化建设的顺利进行。

二、基于项目管理的高等学校教育教学管理与素质培养信息化建设的控制

（一）高等学校教育教学管理与素质培养信息化建设控制要点

项目管理的核心之一是项目控制，包括项目的风险、质量等一系列控制要点和措施。当应用项目管理理论来建设高等教育信息化平台时，在进行高等学校教育教学管理与素质培养信息化平台实施规划的基础上，还需要对实施内容进行全过程动态控制，一方面检验实施规划的及时性，另一方面避免风险要素的发生。对高等学校教育教学管理与素质培养信息化建设项目应该从以下几个方面进行控制，以保证项目的正常实施和如期完工。

1.变更控制

项目在实施过程中多数会出现计划之外的问题，从而影响项目的实施效果，当出现这些问题时应快速地提出解决方案，这就是所谓的"变更"。如教务管理系统输出数据重复或为尽量减少变更对系统的质量影响，在不同阶段的项目实施之前，应尽量考虑到影响项目实施的潜在因素，并及时寻找规避这些问题出现的方法。但如果出现项目变更，就要遵循以下原则：第一，应该寻找影响最小的解决方式，充分考虑变更后还会出现的问题，防止出现二次变更；第二，在项目进行变更之前必须通知校方，并且必须与校方进行协调、商议之后才能执行；第三，当确定变更以后，应当及时、快速地公布变更信息。

2.信息系统项目人员职责分配

系统中包含的人员可以分为三种：第一种是承办公司内部人员，包括项目开发的技术人员、项目的管理人员，以及项目实施的工程师；第二种是高等学校校方的人员，包括高等学校校方相应的负责人员、教务处各科室的负责人员、各院系教务管理人员和教师等；第三种是聘请的监管人员。不同种类的参与人员应该明确自身承担的责任，这样才能保证项目的有序进行。项目的参与人员应该将工作时间与项目时间协调好，从而为项目实施提供足够的人员支持。

3.评估实施的主要风险

对于项目的评估需要C业的人员，其中包括开发公司相应的软件工作人员、高等学校校方具有较高软件技术人员、学校各层级的教务管理人员及师生代表等。可以将系统的使用情况、应用范围结合具体功能对系统可能存在的风险进行客观评估，并采取相应的有效措施应对可能出现的各种风险。信息系统的最大风险一般来自网络，因此，高等学校在教育教学管理信息化建设方面需要充分考虑到系统的稳定性及受到黑客攻击时的抵抗能力。在安全风险评估的基础上，制定合理的信息系统网络安全应急处理措施，一旦信息系统受到网络攻击，需要立刻停止系统运行，避免数据和信息丢失；此外，开启备用系统，防止由于系统停用而导致的教学受到影响。

4. 数据准备

系统在投入使用后会集中很多数据，一部分数据可采用原始基础数据，如教师、学生基本信息和课程基本信息等，为投入使用后大量录入数据奠定基础；另一部分数据应通过填表的方式进行采集，如课程建设信息、新制定的培养方案等信息数据。但是，这些数据并不能直接应用于系统之中，而是需要对这些数据进行分析，了解高等学校校方需要输入的数据类型，采用统一的排序标准和列表方式录入数据库。由于数据作用的特殊性，应该尽最大可能保证数据的准确性、完整性和时效性，数据分类是数据准备过程中采用的重要方式。

5. 项目培训

项目的最终成果将会在高等学校中加以运用，因此凡是参与项目的人，都必须参与培训，将学校学分制学籍管理规定、学分预警等相应的规章制度与规定、管理模式和系统运行操作作为培训的主要内容，这样，开发人员将技术与学校需求完美结合，可使教务管理人员和师生更好地了解系统运行与操作方式。

6. 质量管理

质量是对项目结果的一种评定。质量管理包含诸多方面，不仅表现为满足用户需求，还表现为项目整体的功能。质量管理贯穿项目的全过程，这是为了更好地完成项目，使得项目的成果能被采用。质量管理应该监督教育教学管理信息系统建设项目每个阶段的完成情况，可以在每个阶段产出中提出相应的质量问题，诸如数据显示较慢、录入数据更新延迟等问题，从而为项目开发人员提供变更的合理依据，以完善教育教学管理信息系统，另外还可以保证系统的后续开发。在整个教育教学管理信息系统项目完成后，若质量达到相应的管理标准，则质量检验也随之完成。

（二）高等学校教育教学管理与素质培养信息化建设控制措施

1. 建立报告和决策机制

项目在实施过程中会遇到各种各样计划之外的问题，如教学任务中任课教师会因特殊情况进行调换，不对系统做出相应设计将会影响学生对任课教师的教学评价，出现评价教师和上课教师不一致的情况等。当遇到问题时应该及时向上级反映，并且及时找到解决方法。并不是只有当遇到问题时，才会向上级反映，而是在每个阶段结束以后都要向上级汇报，通过汇报总结本阶段的工作完成情况、形成的工作经验、出现的工作错误及对下一步工作的设想等。另外，为保证项目的质量，应该将某一方面作为重点进行深入调查，并形成相应的报告。在工作关键时刻遇见的关键问题，工作人员应该具有决策能力，而这种决策能力并不是盲目地进行决策，而是与实际工作相结合，进行深入分析，从而做出具有说服力的决策，这样能够促进项目的进程。

2. 系统测试管理

在检验项目质量时不能盲目进行，而应当由浅入深逐层检验。第一步是对基本单元功能模块的检验，测试功能块能否正常工作，如录入数据、查询信息等。第二步是将各功能块结合起来，对功能块之间的组合功能进行测试。如果变动学生的学籍信息，则相应的教学课程信息是否随之变动。第三步是对整个功能区的检验，测试所有功能块是否都能正常工作。第四步是将项目成果在整个应用范围之内进行测试。这需要进行大量的数据测试。第五步是统一整理测试结果，与测试人员进行多次交流，了解测试结果是否具有准确性。

3. 项目培训策略

当系统设计完成以后，系统应用也是一个亟待解决的问题，系统的最终操作者是学校的教务部门和全校师生。因此，很有必要对系统的操作者进行使用前培训，这样能加快管理系统在学校范围内的扩散速度，由于系统具备的功能较多，而且系统使用者对系统的需求也不同，在培训的过程中应该按照培训对象不同确定培训内容，培训是一个循环的过程，应该通过不断培训促进对教务管理信息系统的使用。

在项目实施初期，应该针对学校的领导层和管理层进行管理方面的培训，包括绩效管理、组织变动和管理制度变革等；在项目实施中期，应该将学校中参与项目的人员作为重要培训对象，具体包括业务流程描述工具、解决方案描述、测试系统性能及各项功能等内容；在项目实施末期，应该将各级教务管理人员作为重要的培养对象，其中包括系统操作技术、各模块功能、教育教学管理功能实现的操作流程、教育教学管理等内容。

三、高等教育教学管理与素质培养信息化建设的保障措施

（一）组织制度保障

高等教育教学管理与素质培养信息化建设要制定组织保障制度，这样才能发挥组织的保护作用和管理作用，同时，在人才利用和人员开发上要占据主导地位。在这种组织保障制度中，最主要的就是领导的关注程度，此外，项目也需要优秀的领导做出正确决断，才能保证项目顺利完成。在高等教育教学管理与素质培养系统中，获得校领导重视，就能在人力、物力、财力、技术等方面获得更大的便利，能保证项目的顺利进行。由校教务领导出任高等学校组织的项目经理，在项目决策、人事安排、沟通协作等方面都起到决定性作用。因此，科学的项目结构也能保证项目顺利进行。只有各部门积极参与，各组成员共同合作，组成一个团结协作的团队，才能更好地开展项目。

（二）资源制度保障

1.信息共享

高等教育教学管理与素质培养信息化建设需要创建共享平台，用于进行信息的沟通与交流，只有各部门之间改变观念，才能更好地共享信息资源，根据科学合理的方法归纳整理各部门信息资源，建立高等学校信息化管理数据共享平台。

这些都需要有科学合理的规划，只有这样，才能构建出和谐、有效、快速、便捷的信息共享平台，避免出现各部门在实际运行中各自为政，信息重复、遗漏等情况。在统一的信息平台上工作，各部门在沟通和信息上都要同步，避免彼此之间产生利益冲突。科学的管理模式能加强学校各部门的交流，使其能通过沟通协助完成各部门的工作，在工作上能齐心协力。信息共享也包括将高等学校内的信息向校外开放，

为用人单位、学生家长、教学点提供了解学校教学情况的平台。同时，结合各方面的信息，形成新的信息数据库，方便广大用户使用，提高高等学校校内和校外的管理工作效率。

2. 人力资源共享

在人力资源方面，要求校领导、管理者、技术工作者都应具备现代化管理意识和管理理念，同时，高度重视现代化管理。学校信息化管理是将信息技术和管理相结合，这对于工作者的信息技术有一定要求，同时，需要工作团队具备高度的专业素质。

信息化系统的开发和维护需要由专业信息技术人才完成，要依赖这些专业人才保证管理系统的通畅运行。教学信息化管理体系能彻底改革传统的管理方式，要改变传统的管理模式，不仅仅要从管理技术上改革，更重要的是转变管理者的管理观念。

管理者要积极参与教育教学管理信息化培训活动，校领导也要掌握学校管理信息化平台的使用方式。换而言之，只有管理团队熟练掌握管理系统的操作方式，才能保证让信息管理平台稳定、持续地运行下去。另外，在管理工作中，各领域的人员不仅要熟知自己的工作职责，还要对整个信息化系统有一定的宏观认识，才能将各种有用信息聚集起来，以便在工作中更好地运用，唯有如此，才能充分发挥人力资源管理的功能与作用，避免人才浪费。

（三）技术制度保障

1. 建立信息化管理的标准规范

目前，高等学校信息化管理存在管理不平衡、信息共享程度低、行为准则不足等问题，需要对信息化管理平台制定一个统一的标准，再由网络信息管理人员负责平台的管理工作：由这个教育教学管理平台来综合管理不同的用户，对学校定向管理。通过这个教育教学管理平台，能同时管理登录该平台的所有用户，让他们经过一次登录就能在网络平台实现全网通用。

高等学校各部门提供的信息，如学生情况、教师信息、教学计划、学生成绩等全部都会输入信息化教育教学管理平台，而网络管理人员将在后台对上述信息进行整理。同时，有些特别业务要有相应的管理方案，以便有关部门工作的顺利进行。

由于高等学校财务改革，建立财务管理系统成为重要的调整手段。当前因网络信息发展迅速，网络课程越来越多，因此相应的课程点播系统也应及时推出。这些系统能在教育教学管理平台上任意组合。还有对于网络数据安全问题，不仅要随时备份网络数据，以免数据准确性出现偏差，还要对网络服务器制定相应的安全准则，以此保证教育教学管理平台能随时运行。

2.构建完善的教育教学管理信息技术平台

由于各部门的管理工作都要依靠信息化教育教学管理平台，信息技术创新能将教育教学管理技术和管理方法推向新的高度，并且，为教育教学管理系统提供技术支持。在高等学校信息化管理系统中，数据的传输速度、质量安全、准确性都是平台设计的关键因素。网络平台的建设要能及时处理各种信息，同时要符合教育管理的要求，才能设计出让用户满意的信息化教育教学管理平台。让不同的网络用户能随时通过高等学校管理信息平台获取所需的相应信息，各部门信息数据及时更新、检查，保证用户得到的信息是最准确、最快捷的。合理规划信息处理方式及信息权限，改善工作中对信息流通产生不良影响的环节，提高高等教育教学管理与素质培养的工作效率。

（四）建立科学合理的评价体系

虽然建立了信息化高等学校管理平台，但无法否认传统管理方式对其产生的积极影响，应该用客观的态度看待这种影响在信息化管理平台中的积极作用。我们在承认信息化管理平台能大大提升高等学校管理工作的同时，应对教学信息管理系统有长期的规划，虽然这种先进、动态的信息工程，是标准的信息化管理体系，能为所有高等学校的教师、学生、工作者提供高质量服务，但是在面对更复杂的教学要求时，在能力上还有所欠缺。因此，信息化教育教学管理平台的管理人员应该正视这个问题，积极采纳各网民的意见和建议，完善该项目的运作流程，在建立信息化教育教学管理平台过程中，出现问题要及时分析并予以解决，以求达到最好的工作效果。这样，才能将评价体系的作用发挥到最大。

（五）探索行之有效的激励机制

教育教学管理工作是高等教育的重点，管理者的管理理念应具有一定开拓创新精神，只有高素质、高潜力的管理者，才能让管理工作有所提高。提高管理者的自主工作意识是保障教育教学管理工作信息化项目顺利进行的重要因素。例如，挖掘领导、党政委员的能力。由于该项目针对的是高等学校学生，人口基数大，需要项目管理者共同努力才能达到最好的效果。教育教学管理系统要依靠这些管理者，特别是辅导员、班主任，充分将高等学校、学生、教师联系起来，以便及时获取信息，尽早发现问题、解决问题。

班主任在教育教学管理工作中直接接触学生，因此打造优秀的班主任班子将尤其重要。但在当前的教育教学管理项目中，大部分的班主任都是代理班主任，除了要完成高等学校校内班主任的工作外还身兼其他工作。班主任的工作任务繁重，如何能平衡好工作重心，是校领导应该重视的问题。总之，要想促使各位班主任积极努力地工作，就必须创建一套科学的激励机制，具体如下：第一，定期召开会议，总结班主任的各项工作，让班主任有充足的时间交流经验，及时反思自己工作中的不足并不断改进；第二，定期评选优秀班主任和优秀管理者，通过教学平台等宣传手段传播他们的优秀事迹，为其他管理者树立榜样，以便更加顺利地开展管理工作。

第五章　高等学校学生职业基础素质培养

第一节　大学生身心健康教育

身心健康包括体质健康和心理健康两个方面。《体育词典》指出：体质是指人体在遗传和环境相互作用下表现出来的形态与机能上相对稳定的特征。它是人一切生命活动的物质基础。体质的好坏受遗传、营养条件、身体锻炼、生活环境和生命率的影响，在影响体质的诸因素中，经常地、科学地从事体育运动最积极有效。体质评论的内容包含形态—体格、体能机能和适应能力等。而什么是心理健康？根据联合国世界卫生组织（WHO）的定义，心理健康不仅指没有心理疾病或变态，不仅指个体社会生活适应良好，还指人格的完善和心理潜能的充分发挥，亦即在一定的客观条件下将个人心境发挥成最佳状态。以往，人们一般认为人的健康是指身体有无不适，或有无疾病而言的。这种观点是单纯从生物学角度认识健康的。随着社会的发展，人们意识到人既有生物性又有社会性，认识到极其复杂的高级生命，不仅有生理活动，还有心理活动和对社会、对生活事件的适应。我们说一个人健康，是指他不仅要具有良好的身体素质，而且要具有较强的心理素质和社会适应能力。当代大学生面临的竞争日趋激烈，要想在生活、学业、择业等方方面面战胜各种压力，获得竞争优势，就必须有良好的身体和健康的心理作为保障。

一、身心健康的职业生存意义

21 世纪是知识经济的时代，是信息化社会的时代，同时也是各种思潮相互碰撞的时代。社会裂变过程中的种种矛盾使最富激情的大学生的思想受到了各种各样的冲击，使他们原本就很脆弱的心理承受了更大压力。人们往往只关注大学生身上闪耀的亮点，诸如知识丰富、思想解放、思维活跃、视野开阔等，对大学生面临的各种挑战及其造成的种种困惑，对大学生脆弱的心理承受着的重重身心压力，却关注不够。据天津市高等学校体育卫生验收资料统计，在接受调查的 500 名大学生中，16% 以上的大学生存在不同程度心理障碍；杭州市"大学生心理卫生问题和对策研究"课题组在对 2861 名大中学生的调查中发现，有 16.8% 的学生存在较为严重的心理健康问题，其中，大学生所占比率竟高达 25.4%；湖南医科大学对 827 名医科学生的调查显示，有 21% ~ 23% 的大学生存在中等痛苦水平以上的强迫、人际敏感、抑郁等症状；对北京 16 所大学的调查表明，因心理疾病休学、退学的人数分别占因病休学、退学总人数的 37.8% 和 64.6%；对兰州地区 4869 名大学生的调查显示，有 8.48% 的大学生患有神经衰弱症。在对江西理工大学、赣南师范学院、赣南医学院等江西省赣州学生进行的 "957 名大学生身体健康状况调查结果" 中显示，其中，259 人中有 27.06% 的学生出现视力下降；91 人中有 19.96% 的学生注意力不集中，精神状态差；185 人中有 19.33% 的学生免疫力降低，容易感冒；173 人中有 18.08% 的学生肥胖；151 人中有 15.78% 的学生营养不良；74 人中有 7.73% 的学生患肝炎；62 人中有 6.48% 的学生患颈椎、脊椎疾病；58 人中有 6.06% 的学生患泌尿系统结石。上述严峻的事实已使教育理论工作者和实际工作者深刻认识到，必须采取相应的对策，尽快提高大学生的身心健康水平。因为，一般的压力对大学生来说可能暂时不会产生什么危害，但过强且长期的负荷可能使一部分大学生储备的能量消耗殆尽而产生衰竭，从而引起各种心理疲劳和心理障碍，并且导致生理健康出现问题，会严重影响大学生的就业。因此，分析研究大学生群体承受压力的产生缘由，努力寻求缓解压力和消除压力的办法，提高学生的身心素质，则是高等教育面临的重要课题。

二、大学生体育的现状与改进对策

（一）我国大学生体育锻炼现状

研究表明，普通高等学校大学生中有八成以上的学生对体育持有积极、喜欢的态度，少数表现出冷淡甚至厌恶的态度；并且存在性别差异，喜欢体育的男生和女生之间差异非常显著，男生参加体育锻炼的积极性明显高于女生。从总的情况来看，喜欢体育的学生比率为 84.67%，这说明大多数学生对体育有着积极、认可的态度；但女生占的比率相对男生较低。我国学者通过调查研究发现，男生参加体育锻炼的动机主要为增强体质、调节心理和消遣娱乐，女生主要为增强体质、调节心理和塑造体形。由此可见，普通高等学校大学生无论男生和女生都把增强体质与调节心理排在前两位，他们对体育能增强体质和调节心理的功能认识深刻。男生和女生参加体育锻炼的动机排在第三位的分别为消遣娱乐与塑造体形。这可能是男生和女生生理与心理的差异所致。男生喜欢通过运动表现自我，发泄不良情绪，展现自己在体育场上的竞争力；女生与男生相比更注重自己的外在形象，因此在体育动机上存在不同。普通高等学校大学生对体育项目的选择是多元化的，男、女大学生在项目选择时，带有明显的性别特征。从选择内容上看，男生更倾向于选择富有激烈对抗、竞争性的项目；女生更倾向于选择难度较低、对抗性不强的项目或自我表现类的活动，不大喜欢器械或身体接触类的活动，倾向于那些非直接对抗、节奏鲜明、轻松愉快、游戏性和娱乐性较强，以及具有时代气息与审美价值高的体育运动项目。从整体趋势来看，大学生对健身体育手段的技术性因素并不苛求，而更多的是追求其健身因素，尤其是对一些易于开展、不受场地、器材限制的大众健身项目情有独钟，如跑步、足球、羽毛球、跳绳等。体育锻炼频率是评定体育锻炼情况的一项重要指标。从总体来看，男生在体格、身体素质等方面优于女生，锻炼持续时间长；而女生大多由于爱清洁，不太喜欢大汗淋漓等，锻炼时间相对男生较短；而几乎不参加或偶尔参加体育锻炼和经常参加体育锻炼的人数相差不多。

（二）改进大学体育的对策

在思想层面，高等学校体育，包括体育教学、课外体育等，应把健身放在第一位。全面发展人的身体素质、提高健康水平是体育的根本任务，应在提高学生身体素质的过程中教会学生做人、求知、审美、创造，不能本末倒置。目前，体育教学改革十分重视能力的培养，对提高大学生的身体活动能力起到了积极作用。但是，大学生身体素质，特别是新生的身体素质，逐年下降的趋势也客观存在，由于身体活动能力与身体素质发展水平密切相关，必须重视对大学生身体素质的培养。

在操作层面，应处理好以下几个问题。

第一，课程内容设置既要满足学生的需要和爱好，强调趣味性，又要重视基础素质训练。基础素质训练应做到全面发展与重点提高相结合，根据实际情况，特别是对弱项进行针对性强的练习。由于学生中独生子女居多，缺乏刻苦锻炼的意志，加强对学生意志品质和吃苦耐劳精神的培养尤为重要。

第二，加强课外体育锻炼，优化组织模式，使学生的课外体育锻炼在运动强度、时间、次数等方面达到有效提高身体素质目标的要求。

第三，教师是直接操作者，对学生身体素质现状应有全面、准确的了解，在学生身体锻炼过程中充分发挥其组织者和指导者的作用。同时，应以是否有效提高学生身体素质作为评价教师工作质量的一项重要指标。

第四，近年来，高等学校招生规模不断扩大，学校的体育设施建设滞后于学校教育的发展规模，造成学生体育活动受限；授课班级人数增加，教师工作量加大，影响教学效果。因此，加快体育场所和设施、设备等硬件的建设已经势在必行。

第五，大力加强对学生身体素质的调研工作，定期进行监测和评价，并反馈控制，以确保学生的身体素质健康发展。

三、大学生心理健康的现状和改进对策

（一）大学生心理健康现状

心理健康是现代健康概念的重要内涵，是人良好心理素质的表现，也是人整体健康状态的重要组成部分。大学生身心是否健康，人格是否健全，能否全面发展，能否适应社会的各种挑战，对国家的未来和发展起着举足轻重的作用。随着高等学校扩招，大学生数量的不断增多，面对竞争激烈的社会环境，大学生承受的压力越来越大，对心理健康的关注也越来越重要。从个人发展的角度来看，大学生正处于生理、心理和思想发展变化时期，心理发展处在一个由不成熟走向成熟的过渡阶段，心里充满着矛盾和冲突，容易产生各种心理问题。有研究显示，大学生逐渐成为心理危机高发人群。1989 年 9 月 23 日，《健康咨询报》报道国家教委对 12.6 万名学生调查，发现心理疾病发病率高达 20.23%。2003 年，《北京市高等学校学生心理素质状况及开展心理素质教育工作的研究报告》显示，大学生中存在中度以上心理卫生问题的学生占 16.51%。以上情况表明，我国大学生的心理健康状况不容乐观，心理问题不容忽视，他们的心理健康已经成为社会关注的问题。调查研究表明，很多大学生感觉学习负担重，精神压力大。这部分大学生因此而产生了一些不良的心理负担，从而影响到他们的学习。同时，很多当代大学生生活适应能力差。他们从中学升入大学，进入一种一切靠自己动手的生活环境，感到无所适从。另外，相当一部分大学生感觉人际关系协调困难，不能正确对待生活中的挫折打击，一蹶不振，悲观绝望，甚至严重到自杀、自残、患精神病。这些大学生对成功的期望值过高，生活不幸、家庭变故和挫折打击都很容易将他们从理想世界里拖入被夸大的痛苦之中。众多的心理学家和教育工作者不断用各种方法研究大学生心理健康现状、原因与对策，以期对大学生心理健康问题能起到一个了解、诊治和预防的作用，提高大学生的心理素质。

（二）改进大学生心理健康教育的对策

1. 注重促进大学生的心理和谐

营造全社会关心大学生健康成长的社会氛围，努力促进大学生心理和谐。首先，提高全社会对大学生心理健康的重视，不仅要有全民健身，还要有全民健心。把心理健康教育纳入社会文明和精神文明建设范畴之中，倡导健康文明的生活方式，营造积极进取、愉悦和谐的社会环境。运用多种媒体，广泛宣传心理卫生知识，使全社会都崇尚心理健康，提高全民的心理健康意识，营造大学生成长的良好心理氛围。其次，家庭、社会要充分认识大学生就业难的客观现实，不要对他们有过高要求，理解、接受他们的多种就业选择。最后，对大学生尤其是有心理问题的大学生要爱护、宽容。"爱"应该是解决大学生心理问题的良药。注重促进人的心理和谐，加强人文关怀和心理疏导，引导学生正确对待自己、他人和社会，正确对待困难、挫折。加强心理健康和保健，健全心理咨询网络，塑造自尊、自信、自强、理性平和、积极向上的社会心态。教育过程应关心学生自律能力、自发性和创造性方面的同时发挥。强调学生潜力的发展，尤其是那种成为一个真正的人的潜力；强调理解自己和他人并与他人和睦相处；强调满足人的基本需要；强调向自我实现的发展。"我们正经历着一场关于能力、潜力和目标的观念变革，一种人的潜力和命运的新图景正在出现，而且其中蕴藏着许多可能性。"学会直接用新鲜道德的目光检验现实，不仅是大学生，即便是研究生也应如此。

2. 协助大学生开展职业生涯规划

大学生职业生涯规划应当是个性化的，是量体裁衣的，虽然没有一个对所有人都适用的方案，但有些内容是共同的，即人生理想、生活目标、职业生涯。职业生涯发展贯穿生命始终，但大学阶段确实是重要的起步期。学生可以按照年级特点，每年都做一些准备。一年级为试探期，初步了解职业，主要目的就是向他们灌输一种就业和职业生涯的概念，让他们从大一开始就对自己今后的职业方向有一个初步的定位和规划。这种指导是粗线条的，是某项职业的最基本要求，以及达到这个职业要求需具备的能力。大一学生应多参加学校活动,掌握交流技巧,学习计算机知识,通过计算机和网络辅助自己的学习。二年级为定向期,考虑清楚未来是否就业或深造,了解相关的信息,以提高自身的基本素质为主。教师要及时把市场对用人岗位、对某种职业的要求向学生做一些介绍,让他们在进行专业学习的同时随时调整知识结构,锻炼职业要求的能力。三年级为冲刺期,锻炼自己独立解决问题的能力,参加与专业相关的暑期工作,积极尝试。四年级为分化期,大多数学生的目标锁定在工作申请及成功就业上。就业指导要转向信息提供、求职技巧方面。当然,对学生持续进行的就业指导必须科学、规范,这还需要一支专业的教师队伍。只有让学生对就业市场有充分的了解和认识,使自己的所学更能符合社会要求,才能在激烈的就业竞争中立于不败之地,从根本上缓解和消除就业压力下的心理问题。

3. 加强大学生心理健康教育

大学应该采取相应的教育对策,帮助大学生树立心理健康意识,优化心理品质,提高心理调适能力和社会生活适应能力,预防和缓解心理问题。首先,坚持以学生为本,强化情感教育。育人是大学的基本功能,也是教职员工的天职,要从制度上强化育人意识,营造人人关心大学生健康成长的良好氛围。其次,通过开设心理学公共课程、举办学术报告和学术讲座等形式让学生了解各种心理现象,向学生传授心理健康知识,加强心理认知。再次,优化学校育人环境,丰富校园社团组织和第二课堂活动,给大学生创造一个环境优美、积极向上、富有活力的校园环境。最后,开展经常性的心理健康调查与研究,完善学校心理咨询工作。要对学生心理状况有一个全面的了解,要针对不同年级、不同性别、不同学生来源进行分类,有意识地开展学生心理问题研究,并进行归纳、整理,采取积极、主动的办法和措施,克服可能出现的问题。同时,开展心理咨询活动,及时疏通学生存在的心理障碍、心理冲突、心理困惑及其他心理疾病,帮助他们走出心理困境。高等学校要为心理健康咨询创造条件,设立心理咨询中心,配备经验丰富、品德高尚的专、兼职人员,完善各种服务设施及各种信息服务网络,构建完善的毕业生心理危机预警系统与干预机制。

4.引导大学生关注心理健康

解决心理问题的关键在于学生的自我保健。大学生要关心自己的心理健康，注重培养健康的心理、健全的人格和成熟的心态；要豁达、宽容，学会自我调节，在失意与困惑时，不过分压抑自己，懂得适当地宣泄自己的情绪，有问题能及时进行心理咨询；要懂得情商与情绪的管理，情商不是背书学到的，要靠生活中的点滴积累。首先评估自己的情商。其实就是看别人如何看你，社会、市场、组织对你是否认同。选择自己合适的目标加以培养，多交新朋友、多赞美别人，经常分析自己的做事方法是否恰当，观察学习那些做事得体的人等。目前，社会各界已开始重视大学生的心理健康问题，尤其是高等学校学生心理教育工作已步入全面发展时期，已有 1/3 的高等学校成立了大学生心理健康教育机构，有些高等学校的心理咨询中心已具备相当的规模和水平，一批专业化的心理健康教育与心理咨询队伍正在逐渐成长。同时，大学生自身也已经意识到了心理健康的重要性，"5·25"大学生心理健康节就是在这种背景下应运而生的，许多高等学校学生自发地建立了学生心理社团，一些学生还自编自演心理剧作来宣传崇尚心理健康的新潮流。此外，政府也在积极努力，拓宽大学生就业途径，采取各种措施解除大学生就业的后顾之忧。相信在学校、社会的共同努力和大学生自身的积极配合下，大学生的就业压力和心理问题将会越来越少，更多大学生将会以饱满的热情、健康的身心迎接挑战，走向社会。

第二节　大学生公民道德教育

随着学校招生规模的扩大和人才市场的竞争，高等学校毕业生的就业形势越来越严峻。走向市场和实现就业是大学生的必然选择，大学生要适应市场环境、满足用人单位的岗位需求，必须具备最基本的公民道德素质。因此，高等学校中的公民道德教育非常重要。公民道德教育是以公民社会道德要求为取向的教育形态，是公民教育的重要组成部分。随着我国现代化进程的加快，传统社会结构、生存方式和精神价值生态发生着日益深刻的转型，公民道德素养成为今天我国构筑社会主义市场经济条件下良序、理性、文明的公共生活领域重要的道德价值范畴。由此，以社会主义社会公共生活要求为取向、旨在培养国民"公民意识"、推进社会主义精神文明的公民道德教育，成为我国学校德育的重要内容。为了发挥应有的教育功能，我国公民道德教育必须找到既体现社会主义伦理价值规定，又与公民主体内在心灵和价值世界共契的教育方式。也就是说，我国公民道德教育必须在理性化教育与情感化教育的关系之间形成合理张力。

一、公民道德素质概述

（一）公民道德的内涵

1. 公民

所谓"公民"，《辞海》是这样定义的："公民通常指具有一个国家的国籍，并根据该国的宪法和法律规定，享有权利和承担义务的人。"由此可知，公民主要是法律意义和政治意义上的概念。公民道德教育中的"公民"更多的并不是这种法律性的内涵，而是政治性和社会性的内涵，即主要是指有效参与国家和社会公共生活的社会成员。从一般的意义上理解，公民就是具有某国国籍的人。

2. 公民道德的特征

第一，公民道德具有普遍性。既然是公民道德，那么在我国，凡是中华人民共和国公民，人人都应该有道德，都应该具有公民道德。不论男女老少，还是工农兵学商，都要自觉地用公民道德约束自己的言行，使自己成为一个有道德的公民。当然，由于年龄、智力、职业等的不同，公民道德反映在每个公民意识和行为上是有区别的。比如，热爱祖国是我们每个公民的美德。每个公民都是国家的主人，小公民也是国家的主人。热爱祖国、关心国家大事、参与政治是公民道德的主要内容。依据《中华人民共和国宪法》规定，年满十八周岁的公民（依法被剥夺政治权利的人除外）

才有选举权和被选举权。十八周岁以下的小公民不能参与，但是，他们可用别的方式表达对祖国的热爱和关心。总之，公民道德要求是普遍性与多层性的统一。

第二，公民道德是广泛性与平等性的统一。不管担任何种职务，从事何种工作，出身如何，财产多少，人人都应该平等地接受公民道德教育。比如，国家公务员，一方面，他们是中华人民共和国的普通公民；另一方面，他们是国家公共权力的执行者，他们的行为对国家社会的发展方向、前途命运影响很大，他们更要自觉地接受法规的约束和公民道德的自律。因此，公民道德教育具有极大的广泛性和平等性。

第三，公民道德是个体道德与社会主义道德的辩证统一。公民既是一个自然个体的人，又是一个社会个体的人。社会主义国家的公民道德是社会主义的一种个体道德。这种个体道德是社会主义道德在个体身上的反映。

第四，公民道德反映的是个人与国家之间的关系。因此，在公民道德中，一方面，有公民享有国家法律赋予的道德权利的内容；另一方面，应包括履行国家法律赋予的道德义务的内容。《中华人民共和国宪法》中不仅规定了公民享有劳动权、休息权、受教育权等，还规定了公民的各种义务，包括"有维护国家统一和全国各民族团结的义务"，"有维护祖国的安全、荣誉和利益的义务，不得有危害祖国的安全、荣誉和利益的行为"，"保卫祖国、抵抗侵略是中华人民共和国每一个公民的神圣职责。依照法律服兵役和参加民兵组织是中华人民共和国公民的光荣义务"，"有依照法纳税的义务"，等等。这些既是每个公民必须履行的法律义务，也是每个公民应遵循的最基本道德准则。

正因为公民道德具有上述的普遍性、平等性、个体性和法律的认可性，所以它和我们平常讲的一般的社会主义道德、社会公德、职业道德、家庭美德在性质上都是社会主义社会的道德，但又有一定差别。如果说社会主义道德是从社会主义社会"整体"的角度来讲道德的话，公民道德则是从社会主义社会"个体"的角度来讲道德的。公民道德是公民作为社会成员必须具备的普遍的、共同的道德，主要是指在一个社会共同体中生活在一起的公民共有的价值准则、道德规范、社会理想和社会风尚，包括社会建制的价值原则等。它既是公民基本道德素质的体现，也包含社会公德、职业道德和家庭美德。

（二）公民道德素质的职业生存意义

思想道德素质体现在职业上也就是职业道德，它是从业人员职业道德行为和职业道德关系的普遍规律的反映。

那么，对于职业道德规范的定义，我们要进行深入的了解。职业道德规范主要是指人们在从事正当职业、履行职责的过程中，遵守的行为规范的总和。职业道德基本规范为爱岗敬业、诚实守信、办事公道、服务群众、奉献社会。

同时，职业道德也是附着在具体的职业人身上，通过工作行为体现出来的。它是职业人最宝贵的财富，是职业人最核心的竞争力之所在。作为职业人，最重要的职业道德为诚信、责任、公正、忠诚等，可以说这些道德品质是职业人职场生涯的通行证。

1. 公民道德素质的基本内容

（1）诚信。

诚，即真诚、诚实；信，即守承诺、讲信用。诚信的基本含义是守诺、践约、无欺。通俗的表述就是说老实话，办老实事，做老实人。

诚信不仅是一种品行，还是一种责任；不仅是一种道义，还是一种准则；不仅是一种声誉，还是一种资源。就个人而言，诚信是高尚的人格力量；就企业而言，诚信是宝贵的无形财产；就社会而言，诚信是正常的生产生活秩序；就国家而言，诚信是良好的国际形象。

诚信可以是对社会、对他人的期望，但首先应该是对自己的要求。自己的诚信不能以他人的诚信为前提。一般来说，自己的诚信与赢得他人的诚信成正比，自己越诚信，就越会赢得他人的诚信回报。如果等社会所有的人都讲诚信之后自己再讲诚信，那么是等不到的。那等于为自己的不讲诚信寻找借口，无异于推卸自己作为社会的主人在诚信建设中应当承担的责任。

（2）责任。

责任是一个人分内应该做的事。人作为社会的一员，都必须和社会、集体、他人发生一定的关系，都要对社会、集体、他人承担一定的责任，如社会责任、家庭责任和工作责任等，其中，工作责任是职业人最重要的责任。任何工作都有自己的职责范围和特殊任务，是其他职业工作不能代替的。这就使得社会分工体系中每种具体工作的责任都有明确规定，不管这种责任是否成文，都为社会所公认，是每个人在开始工作之前就明确的，在工作之中必须承担的。

职业人只有在履行责任的过程中，把自己应负的责任化为自己内心的责任感和行业准则，即责任意识，并以此来指导自己的职业行为，对自己的职业行为进行自我评价，才能自觉地承担对社会应尽的职责。因此，强化人的责任意识，去做对社会、对集体、对他人有利的事，尽自己对社会、对集体、对他人的责任，就成为职业人职场生涯非常重要的事情。

一切向人民负责，是广大职业人员必须具备的职业义务和道德。市场经济主体的自我利益与社会利益是统一的，对自我负责任与对社会负责任是一致的。但是，由于人们受到利益相关度的影响和制约，人们对自身利益的责任感往往要强于对社会利益的道德责任感。在此情况下，广大职业人员必须正确认识社会利益，勇于向社会负责，向人民负责。如果一个人只看重自己的权和利，而不能尽职尽责，那么其结果不仅会损坏社会利益、部门利益，个人利益也会受到影响而不能充分实现。在现实生活中，一些人在利益面前患得患失，生怕自己的利益受损，其结果往往是得不偿失。

（3）公正。

公正，即公平与正义。职业公正，即客观地审视现实世界，用相同的标准对人对己，责人责己，各行业的劳动者在处理各种职业关系、从事各种活动的过程中，要做到公平、公正、公开，不损公肥私，这是职业道德的基本准则。

（4）忠诚。

一个人在职业生涯中，忠诚与否，是其能不能得到良好评价的重要条件。忠诚是指一个人在不违反国家法规和职业纪律的条件下不做损害单位利益的事，尽职尽责，做好自己的本职工作，尽最大努力为单位创造价值。

以上这些道德品质对大学生就业来说，将产生至关重要的影响。

2.公民道德素质的原业生存专文

随着科技的发展，经济全球化给我们带来了巨大的冲击。我国正处于全面建设社会主义市场经济的转型期，高等教育大众化带来的一系列问题使我国大学毕业生出现就业困难的现象。市场化社会，就意味着竞争。要想在充满竞争意识的市场社会立足，作为大学生，必须提升自身的公民道德素质。公民道德素质是一个人走向成功的奠基石，是大学生就业价值取向的"风向标"，面试成功与否的"试金石"，面对挫折的"磨刀石"，规避求职陷阱的"安全阀"，守约与毁约的"界碑"，事业成败的"分水岭"。可以说，思想道德素质对大学生整个就业过程产生全面、深远的影响。因此，提高大学生的公民道德素质将有助于提高大学生就业率。

（1）公民道德素质是就业价值取向的"风向标"。

就业价值取向是人生价值观在就业过程中的充分反映和集中体现。大学生就业价值取向是指大学生个体对未来工作的环境、特点、性质和目标的追求与取舍。其主要特征如下。其一，自觉性。就业价值取向体现的是大学生的主观就业动机和客观就业行动上的自主性与积极性。其二，多样性。大学生的就业选择是多种多样的。这种多样性选择是大学生个性张扬在就业过程中的具体反映。其三，层次性。每个人的价值追求都不太一样，层次高低有别。有人希望能到边远山区从教，为那里的孩子播撒希望的种子；有人希望回到家乡，为改变家乡的落后面貌而贡献自己的力量；有人希望能献身国防事业；有人希望能自己创业，为社会提供更多的工作岗位。以上是以奉献社会为取向的，可以列入高尚道德层次。也有人希望到"大城市、好单位、高工资"的地方工作，圆自己的"白领梦"；或找一个安稳的工作，既可以不再为生计而担忧，也可以回报父母的养育之恩。这是以满足个人需要而不损害社会和他人利益为取向的，可以列入一般道德层次。还有极少数人则存在有悖于社会发展潮流的观念，幻想"嫁（娶）个有钱人，可以少奋斗20年"；或依靠父母生活，成为

"啃老族"；而有的人则以非正当甚至是恶性竞争的手段来实现自我价值。这一类可以列入负向道德层次。思想道德素质较低者的就业价值取向具有消极性和负面影响。从表面上看，退出工作岗位的价值取向是个人自由支配、自主选择的生活方式，与社会价值目标无涉，但实质上它直接或间接地阻碍和延缓了社会价值目标的实现。社会人口分为劳动人口和赡养（抚养）人口，前者为社会的存续和发展创造必要的物质与精神财富，而后者只是物质和精神财富的消费者。任何社会要持续、健康地向前发展，就必须有足够的、高素质的劳动人口来提供源源不断的物质和精神财富，以满足整个社会的需求。一旦劳动人口（特别是高素质者）下降，物质和精神财富也会相应地减少，而消费却非但不会减少，反而会增加。我国的劳动人口素质本来较低，迫切需要大批受过高等教育的劳动者充实社会主义建设事业，为了追求个人舒适的生活而退出就业势必导致赡养（抚养）人口增加，财富减少。从更小范围来说，也大大加重了家庭的负担。它是享乐主义、颓废思想急剧膨胀的温床。

而那些采用不正当甚至是恶性竞争方式来达到个人目的的大学生，则完全击穿了"就业道德底线"。也就是说，他们就业价值的实现是以他人就业价值无法实现为前提的。这种就业价值取向，还容易产生个人价值中心主义和相对主义倾向。前者以"自我"为中心，以自由选择、自主择业、自我发展为借口，绝对排斥"自我"以外的就业价值影响和支配；而后者则建立在前者的基础上，完全混淆了真假、善恶、美丑的客观标准，价值评价模糊化、"无涉化"。思想道德素质较高者的就业价值取向具有积极性。他们具有神圣的使命感和强烈的社会责任感，他们总是以社会价值目标作为自己的最高追求，体现的是奉献社会的精神和为人民服务的先进性要求，展现了当代大学生昂扬向上的精神风貌。这种就业价值取向正是时代的需要，是个人就业价值取向与社会价值目标有机的统一。正如马克思在《青年在选择职业时的考虑》一文中所言："如果我们选择了最能为人类福利而劳动的职业，那么重担就不能把我们压倒，因为这是为大家而献身；那时我们感到的就不是可怜的、有限的、自私的乐趣，我们的幸福将属于千百万人，我们的事业将默默地、但是永恒发挥作用地存在下去，而面对我们的骨灰，高尚的人们将洒下热泪。"

马克思的崇高职业理想和为人类幸福而工作的职业行动依然在不断地鼓舞着当代大学生中的先进分子。他们在学习和就业准备过程中，就下定决心将自己的追求和目标放飞在社会需要的大舞台上。因而，他们的就业视野十分开阔，"到基层去，到边远地区去，到祖国最需要的地方去"，为祖国强盛、社会发展而奉献，在"广阔天地"施展自己的才干，而不会拥挤在人头攒动的就业"独木桥"上。

（2）公民道德素质是面试成功与否的"试金石"。

如果将就业比喻为一棵大树，那么就业教育就是树根，就业指导是树干，而面试是树枝。但是，树枝的生长对大树还是有影响的。面试是显性能力的体现，是展示大学生综合素质和精神风采的最佳时机。这时候，大学生的能力和水平不可能完全展现在招聘者面前。但是，个人的基本素质（特别是品质）能够外显。思想道德素质较低者，其自卑心理最容易表现出来，或着装太随意、不修边幅，或过分打扮、刻意追求时髦甚至拍摄"写真集"、整容、垫高。在语言表达上，太过拘束也难以体现自信心，特别是有些人喜欢说一些套话、大话。诸如"给我一次机会，我会还你一片奇迹！""给我一点阳光，我会还你一片灿烂！"这些话第一个人说出来也许还有一丝半缕创意，第二个人说出来则有雷同之嫌，而第三、第 n 个人说出来就是拾人牙慧、让人生厌了。这种救世主式的措辞事实上是自卑者掩盖自卑的惯用语气，也让人感觉求职者心浮气躁。在行为举止上，与人谈话时东张西望，手足无措是胆怯、害羞的表现。思想道德素质较高者则非常自信，而且能够一分为二看待自身的成绩和不足。他们衣着得体，举止文雅，能够从容地、实事求是地应对主考官提出的问题。他们不会不懂装懂，也不说大话和套话，他们看待问题有自己的思想和主见，不会人云亦云，亦步亦趋。对于自身的优点和特长，他们能够在最短的时间内表现出来；而对于自身的缺点和不足，他们也从不刻意隐瞒。因此，在面试环节上具有明显的优势，给招聘单位留下了良好的第一印象。思想道德素质同样渗透在与面试相辅相成的另一个环节，即简历制作上。俗话说"文如其人"，这是因为人的思想修养和品性都蕴藏在字里行间。思想道德素质较低的大学生追求的是简历的华丽和内容的不实。他们为了获得招聘单位的好感，不惜铤而走险，夸大自己的优点和成绩，甚至杜撰一些子虚乌有的荣誉、社会实践和专业实践经历等。这种不诚信的行为极大地损害了大学生人才市场的规范性和权威性，也理所当然地受到招聘单位的强烈反感。因此，这类大学生容易止步于用人单位的大门之外。少数侥幸者虽然闯过了这一关，但是就算走上工作岗位，最终也还得露出"麒麟皮下的马脚"，被单位扫地出门。这样的事例已经屡见不鲜。相反，思想道德素质较高者的简历朴实无华，实事求是，成绩和不足都能清楚明白地体现出来，当然对自身缺点的改正思路也非常清晰。这正是招聘单位认同的。因此，在即将走上工作岗位的第一道关口上，思想道德素质成了一块"试金石"。

（3）公民道德素质是面对挫折的"磨刀石"。

一个优秀的大学生不但要有征服职场的勇气和信心，而且要有承受被职场冷落、被用人单位拒绝的耐挫折力。遇挫弥坚是大学生就业成功的基本要素。这恰恰是用人单位看重的。任何单位需要的都是意志坚定、百折不挠的人，这既是个人潜力发挥不可缺少的，也有利于单位发挥人力资源优势。如果一个员工一遇到困难就退缩、放弃，那么其本人的潜力就难以发挥，对单位来说也是巨大损失。现在的人才市场从理论上说是双向选择，而事实上用人单位已经牢牢控制着用人主动权。它们对人才的要求越来越高，越来越严，因而大学生就业难度也越来越大。就业是个人能力和素质的全面竞争，但并不是说能力强就一定能获得满意的岗位，就算是付出艰苦努力也不一定能获得单位认可，毕竟影响就业的因素是多种多样的，因此，大学生就业面临反复挫折的概率增大了。而挫折就像"磨刀石"，强者越磨越坚强，弱者则越磨越懦弱。强者与弱者的分水岭恰恰是思想道德素质的高低强弱。思想道德素质较低者的各项素质既是脆弱的，又没能"化合"，表现出来的思想道德素质当然也是脆弱的。在求职过程中遇到挫折时，他们既没有内省的思想道德智慧，也缺乏反思的勇气，他们不会从自身的主观原因去寻找失利的症结，而是将所有问题归因于客观要素，如扩招引起"多收了三五斗米"、教育落后、用人单位太挑剔等。这种怨妇式的哀叹并不能改变他们求职的现状，他们依然在职场中重复着失败，也重复着不满，同时，战胜困难的信心和决心却在一点一滴地消退。一些人最后成了以母校为避风港的"校漂族"，另一些人则成了龟缩在父母身边、靠父母养活的"啃老族"。思想道德素质较高者正好相反，他们常常能辩证地看待问题，不因一时一地的挫折而放弃自己的选择。在一般情况下，思想道德素质较高者，因为其已经将自己具备的各项素质有机融合，形成素质"合金"，所以显得格外坚硬，职场上的挫折绝不会给他们造成多大影响；相反，在挫折和困难中，他们更加能够辩证地、冷静地看待问题和就业发展趋势，特别是能够反躬自问，进行自省，在蛛丝马迹中更加敏锐地发现适合自己的工作目标，并进行成功转型。

（4）公民道德素质是规避求职陷阱的"安全阀"。

现在，各种虚假的招聘信息和非法的招聘单位充斥人才市场。近年来，针对大学生的传销活动从未停止过，屡禁不绝。大学生在求职过程中落入传销陷阱的新闻不绝于耳。仅发生在重庆市的"欧丽曼"非法传销案就涉及北大、清华、西安交大等13所高等学校的2000余名大学生。2004年3月25日，教育部、公安部联合发出了《关于加强高校学生管理禁止学生参与非法传销活动的紧急通知》，显示了国家对非法传销活动泛滥给大学生带来的冲击的不安与关注。大学生落入求职陷阱充分说明，思想道德素质低下容易导致对整体素质的调控失灵，造成"思维短路"，缺乏足够的洞察力和判断分析能力，易被巨大的利益诱惑遮蔽"慧眼"，欺骗者常常使用的是"快速致富"的词语，但是，这种"赚钱"的方式和速度有悖于最起码的经济规律与市场法则，存在着难以预测的巨大风险。一些大学生对这样的"画饼"深信不疑。被骗表面上看是智力不足或"思维短路"，实质上也是思想道德素质不高的表现。而较高的思想道德素质对综合素质总是能起到良好的调节作用，特别是面对巨大的风险，能自觉地启动"安全阀"，即能冷静、客观地加以分析、判断，敏锐地洞察到表面利益背后的危险性，及时采取规避措施，有效防止上当受骗。可见，在认真解剖各种欺骗特别是传销组织蛊惑之技的同时，提高大学生思想道德素质尤其重要，这才是治本之策。

（5）公民道德素质是守约与毁约的"界碑"。

一般而言，用人单位与大学生双向选择都满意后就会签订用人合同。用人合同是用人单位与大学生签订的确保双方享受权利和承担义务的法律文书。近年来，一些大学生本着"全面撒网，重点捕鱼"和"骑驴找马"的非理性原则，常常先找一个单位签订合同，为将来寻找更好的单位垫底，一旦找到更加理想的单位，就马上撕毁原来的合同。于是，每到大学生离校时，都会有一些人为此而支付违约金，这大大增加了自身的就业成本，也影响了自身、同届其他同学或下几届大学生甚至整个学校在这些单位中的形象。思想道德素质较低的大学生是毁约的"先行者"。他们缺乏科学的人生观和价值观，在具体求职行动中以个体需要的满足为根本出发点，丝毫不考虑自己的毁约行为给用人单位、其他同学和母校带来的恶劣影响。虽然从表面上看，他们暂时获得了一个比较满意的工作，但是只要存在这种不良思想，他们就会得陇望蜀，就不会顾及单位和他人的利益，只为个体需要的进一步满足而不断毁约。因为他们内心深处潜藏着"相对剥离感"：即与同届单位更好、收入更高、条件更好的同学横向比较，自己相形见绌；与某些工作条件好的往届毕业生纵向比较，自己也难望其项背。这类大学生由于缺乏对单位基本的忠诚和与单位共兴亡的责任感，不论他们如何频繁"跳槽"，都将永远游离于工作的核心，并越来越被边缘化。相反，思想道德素质较高的大学生由于具有科学的人生观和价值观，能清醒地认识到人的需要不是脱离社会关系的绝对的个人物质和精神欲望，恰如马克思指出："我们的需要和享受是以社会的尺度，而不是以满足它们的物品去衡量的。因为我们的需要和享受具有社会性质，所以它们是相对的。"在处理与单位的关系时，能始终理智地将个体满足与单位兴衰很好地联系起来。他们在签订合同时是慎重的，但是一旦签下自己的名字，他们就会义无反顾地信守合同。尽管在以后会遇到更好的单位，但他们也会不为所动。

（6）公民道德素质是事业成败的"分水岭"。

在走向工作岗位后，思想道德素质对个人事业的影响力同样巨大。工作岗位是个人价值体现的最好平台。个人价值的体现需要奋斗，人生的成功需要奋斗。这样的奋斗突出体现为意志、信心和责任。思想道德素质较低者，常常错误地理解个人奋斗就是为一己之利而奋斗，是一种排斥他人和对社会反叛的奋斗。这种只顾"小我"而忽略"大我"的奋斗轨迹容易将自己与他人和单位对抗、分裂，虽然自己生活在群体之中，但内心已经自我封闭，也无法得到相应的群体资源和他人的帮助。而在社会分工越来越细，各项工作越来越需要配合、协作的现代社会，这样的思想观念是逆社会发展、注定要头撞南墙的。他们在行为价值目标上，表现出来的是将个人价值置于社会价值之上，其所有的工作热情都将以个人所得为出发点和归宿。而个人因达不到目的又常常内心失衡，心怀不满，对他人和单位表现出强烈的抵触情绪，容易陷入难堪、苦闷、孤立的境地。由于他们不能驾驭情感，内心的激烈冲突削弱了他们本应该集中于工作的理性思考能力，更加导致工作效率下降。他们往往是麻烦的源头，不利于集体中其他成员充分发挥优势和特长。思想道德素质较高者在平凡的工作岗位上敬业爱岗。他们具有为所在单位兴旺发达奉献的信念。当一个人具有坚定信念的时候，他便具有高度的责任感和使命感。他们已经将"厂兴我荣，厂衰我耻"作为自己精神追求的一部分，工作已内化为一种必须全力以赴的事业，他们对工作表现出执着和认真的态度，全神贯注，精益求精。他们能很快走上正轨，并逐步成为单位的骨干和核心力量。在单位蒸蒸日上的同时，他们的个人利益也能得到较好满足。思想道德素质较高者善于协作。协作精神是人在任何时候都必须具备的，不论是陌生人组成的"偶发聚合体"，即碰巧同时在一个地方的人临时组成的人群集合体，如公共汽车、火车等交通工具上的乘客，电影院一起看电影的观众等，还是具有一定分工协作、明确行为准则、一定目标并形成归属感和认同感的相对稳定的组织性群体，都应该有起码的协作精神。否则，便会不可避免地出现混乱和难以调和的矛盾。良好的人际关系是集体力量的重要源泉。这样，人与人不再是各自为政的单独体，而是具有极强凝聚力、战无不胜、攻无不克的群体。对此，中国古代思想家荀子早就做过精辟的论述："人力不若牛，走不若马，而牛马为用，何也？曰：人能群，彼不能群也！人何以能群？曰分。分何以能行？曰义。故义以分则和，和则一，一则多力，多力则强，强则胜物。"良好的协作精神能增强凝聚力，最大限度地释放人的能量，尽情发挥其创造性和才干，提高工作效率。思想道德素质较高者具有高尚的道德理想、崇高的精神追求，其追求本身具有超功利特点，使自己总是乐观向上、富于热情，使自己富有特有的人格魅力，成为社会所需、为他人所喜欢的人。这既是事业成功的关键，也是生活幸福的根本。他们甚至在领悟组织机构中主宰个人沉浮的不成文游戏规则等方面都占尽优势。他们通常能营造出内部和谐的氛围，也是集体优势最佳发挥的最重要因素。他们既能紧紧依靠他人的力量，也容易得到他人的帮助，个人力量成倍增长，为事业成功奠定坚实基础。

思想道德素质对大学生就业六大维度的影响涵盖大学生从就业准备到正式走上工作岗位的全过程。上述这六大维度既相对独立，又相互交织，紧密联系，构成了大学生就业的基本道德素质，决定了大学生就业的价值取向和结果。因此，要提高大学生的就业率，增强社会责任感，必须加强思想道德教育，努力提高大学生的思想道德素质。

二、大学生公民道德教育的现状透视

（一）大学生公民道德教育的现状

（1）精神层面上。目前，经过高考洗礼后进入高等学校学习的大学生，大多以"天之骄子"自居，自视甚高，优越感强，而相对于自身的局限性则认识较少，因此心理承受能力相对较差，一旦遇到较复杂的问题就会产生强烈的挫折感和失落感，或怨天尤人，或悲观失望，个别人甚至缺乏脚踏实地的精神，缺乏自律，不能严格要求自己，缺乏公德心，学习上不求甚解，得过且过，60分万岁，乃至考试时心存侥幸，企图蒙混过关。有的学生学习上只追求短期效应，人生目标模糊，缺乏吃苦耐劳和刻苦钻研的精神。

（2）行动层面上。在行动层面上具体表现为诸如从抄袭作业到考试作弊，从贷款不还到偷盗财物等行为，均反映了当前大学生令人担忧的思想道德状况，也折射出当前高等学校思想道德教育的积弊。作为天之骄子的大学生，理应站在道德的高层引领社会大众，但现实是部分大学生屡屡践踏道德底线，甚至触犯法律。如马加爵杀人案、付成励杀死政法大学教授这样的恶性案件让人瞠目结舌，为钱杀人，为气杀人，为色杀人，完全失去了对生命的敬畏，失守了做人最基本的道德底线。

在公德领域，有的大学生损人利己，缺乏教养，有意或无意地破坏公物，不讲卫生，言行不检，考试作弊；在私德领域，有的大学生追求虚荣，贪图享乐，玩弄感情，盲目拜金，对"傍大款"等不劳而获的不良行为不以为耻反以为荣。在日常生活中，拾金不昧精神消失了。有一些学生拾到了别人的东西，如果这东西对自己有用则会据为己有，如果对自己没有用则会乱扔掉。殊不知，这东西可能对失主来说是很有用的。在大学生的生活中，失约、不负责任，答应了别人的事不按时完成等，都给现在大学生言行一致的道德品质打了一个大大的惊叹号！

大学里"课桌文化"泛滥成灾。善于发现的同学一定会注意到：在我们的美丽学校里，有一处很特别的"发言板"——课桌。"课桌文化"是早有渊源的。但凡哪儿有课桌，其上必要有些什么的。小学，只是一些简单的画儿，鸟兽鱼虫抑或是变形金刚、忍者神龟；中学，开始有文学，不成文的词或是词组，再有些短句；进了大学，便一下子纷呈起来。诗、散文，连 ABC 也搬上了桌面。至此时，课桌上的东西便俨然形成了一种文化——于是有闲人起名曰为"课桌文化"，但"课桌文化"是不文明的，教室是上课的地方，课桌是提供看书学习的平台，一张张崭新的课桌，在被某些同学使用过后，就变得乌烟瘴气，恰似一张白纸被泼了半片墨乱哄哄、低俗的涂鸦。

在大学校园里，还有一个最敏感的问题就是"奖学金"，目前，各大高等学校都出台了一系列奖学金的评审政策，因此有的大学生为了"争"奖学金不择手段，因为各大高等学校都有类似的规定：班干部、获得"荣誉称号"、比赛获奖、文艺比赛获奖等都可以加分，因此巴结班干部、请客拉票等不好的现象层出不穷。同时，由于许多高等学校对特困生都有优待政策，有些同学就谎称自己贫困，骗取特困生名额。

另外，在大学中还有所谓的"边缘"道德问题。2008 年，国内某著名大学 3 名美术学院应届毕业生半夜在紫荆操场裸奔，并将裸奔的照片上传到网上。此"紫操裸奔图事件"，在社会上曾经被炒得沸沸扬扬。当事者在回答记者提问时解释说："用这种方式庆祝大学毕业，同时，也希望通过这种方式让母校更有人文气息，能更包容，允许学生有个性，有创造力。"以上这些在过去匪夷所思的行为，是在发展中、在东西方文化碰撞中产生的道德问题，值得教育领域讨论和深思。

道德至美、道德扬善，中国几千年的传统道德致力培养具有"君子"之风的道德境界。大学生作为知识分子，理应是谦谦君子的形象，应该奉公守法、是非分明，应该勤奋求学、踏实进取，应该宽容厚道、与人为善，应该诚实守信、礼貌待人……即"自尊、自爱、自重、自强、自信"。绝大多数大学生追求着高尚的道德境界，但也有少部分大学生自甘道德的堕落，致使大学校园屡屡可见大学生道德失范现象。

（二）影响公民道德教育的因素

（1）家庭宠爱。家庭是社会最基本的细胞，也是基础文明教育的起点，要教育子女成为一名有高尚道德的人，就必须从家庭教育开始。现在的大学生，独生子女占到90%以上。独生子女的家庭经济状况和生活成长环境相对宽松，条件较好，生活水准较高。由于家长、监护人无微不至的关怀、呵护，一些独生子女养成了不良生活习惯，并带入大学生活。不少学生已习惯以自我为中心，"人人为我"视为理所当然，至于"我为人人"既不愿去想，也不愿去做，久而久之，尊敬师长、敬老爱幼观念淡薄了，冷漠、自私、怕苦、怕累的坏习气养成了。一些家长宁愿自己吃苦受累，节衣缩食，也要让自己的孩子舒舒服服、体体面面上学，对他们有求必应，很少甚至不去过问他们的花费去向，这无疑变相地鼓励了孩子的高消费，滋生了摆阔气、讲排场的恶习。

（2）受应试教育的影响。为了应对高考，学生整日埋头书本，"两耳不闻窗外事"，无暇做与学习无关的事情。另外，家长也由于学生学习紧张而不忍让孩子为生活小事分心，从而一切家务大包大揽，造成学生懒惰及生活低能。

（3）教育与社会实践脱节，大学生职业生存意识差。学生在进入大学后，劳动机会甚少，高等学校教室、楼道、厕所都有工人清扫，花坛、草坪也有专人打理，造成学生劳动观念淡薄、劳动意识欠缺。

（4）个人本位价值观泛滥。在市场经济条件下，由于企业利益、经济人个人利益更加得到肯定和一定程度的强化，在处理个人、集体和国家利益之间的关系上，如果没有正确的规范导向和政策引导，就会产生只看到个人和局部利益而忽视国家、社会、整体利益的倾向，导致个人本位价值观。随着我国经济社会改革开放的不断深入发展，人民生活水平大幅度提高，青年人的学习环境大多较为优越、舒适，生活十分顺利，造成大学生追求物质享受，奢侈浪费，缺乏吃苦和奉献精神。大学生公民道德意识薄弱和欠缺不利于国家与社会的发展。由公民道德意识而产生的公民行为不仅影响到国家的前途和未来，而且完全实际地左右着国家的现实命运。每个社会成员采取的日常行为都直接或间接地影响到国家，可以说国家社会的状态，在很大程度上取决于各公民具有怎样的素质和道德观念水准并以怎样的方式实现他们的社会价值。

三、加强大学生公民道德教育的对策和建议

大学生是新生代的力量，是未来社会的主要生力军。大学生道德状况如何，将直接关系到中华民族的整体素质，关系到和谐社会建设的进程，关系到社会主义现代化建设能否成功，关系到能否实现中华民族的伟大复兴。大学生道德属于特定社会群体的公民道德，因此大学生的道德取向是一个社会道德的"风向标"。它的好坏可以直接反映出这个社会存在的问题。

（一）观念先行，突出以人为本

树立大德育理念，高度注重德育人本化。打破就教育论教育、以说教代道德的难以取得实际效果的教育形式，认识到道德建设主要不在说、写，而是在做。道德品质在培养，道德建设在执行，认真执行，具体实施，坚决反对道德建设上的形式

主义，把教育重点转移到人的全面发展的内容上来。从根本上抓好人的成长，以"人而无信，不知其可也"为出发点，注重人文精神的培养和发展。加强人文教育，是提高人综合素养的重要方法，也是进行社会"价值重建"的重要途径。一段时间以来，受功利主义的影响，高等学校课程设置、培养模式越来越"社会化"，就是"社会要什么，大学就给什么；政府要什么，大学就给什么；市场要什么，大学就给什么"。重视实用性课程是必要的，但是人文教育不能被冷落，否则，将弱化大学生职业生存的综合素质，使原本是为了让大学生能适应社会的发展，却因人文素质低下而制约了大学生的长远发展。因此，有必要不断增加人文学科在大学生课程体系中的分量，帮助大学生了解和把握人的生存状况、人的生存价值与生命的意义等重大人生课题，让他们在人文学科这片肥沃的土地上找到正确的人生方向。

在内容上，全面体现现代化。当前，经济全球化和教育国际化的迅速发展过程要求我们在大学生的道德教育内容上必须注入新的时代精神，使道德教育尽快摆脱传统观念的束缚，尽快走向现代化和国际化。因此，我们必须对大学生的道德教育内容进行重新审视，在理论的内涵和外延上进一步深化拓展，开辟创新，以全新的思路，探索大学生现代化的道德建设，加强大学生公民道德教育。

在实践上，必须强调一致化。这主要是指认识与实践的一致性。一方面，重视对大学生进行思想道德观念的引导，使他们对道德建设由认识转化为信念，由信念转化为行动，努力实践知行合一。另一方面，努力规范学校的活动，特别是与学生密切相关的活动。真正做到公平、公开、公正，不弄虚作假，不欺上瞒下。让学生亲身体验，目睹学校的行为和对学生的道德要求是统一的，言行尺度是一致的。道德教育是一项复杂的社会系统工程，只有通过全社会的不懈努力，才能使道德成为人们共同遵守的准则，尤其是对大学生的道德培养更具有长期性。对当代大学生来说，要养成良好的道德修养，必须志存高远，树立远大目标，拥有宽阔的胸襟，开阔的视野。无论做人还是做事，追求卓越，反对平庸，在各方面对自己严格要求，在学习和生活中做到以德修身，自觉维护道德准则，成为社会道德建设的中坚力量。

（二）构建四举并重的德育体系

做好大学生道德教育工作，必须牢固树立"以理服人""以文化人""以情动人""以行树人"四位一体的全方位道德教育理念，着力构建"理论德育""文化德育""情感德育""实践德育"四举并重的全领域德育体系，推动形成全员育人、全程育人、全社会育人的道德教育新格局。

1."以理服人"，加强说理教育

说理教育是思想政治道德教育中最基本、最常用的具体方法之一。所谓"说理教育"，是指思想政治教育者通过阐释某种思想理论，启发开导教育对象，以理服人的教育方法。教育者通过运用马克思主义理论和其他科学知识，深入浅出，循循善诱，使教育对象明辨是非，提高认识，知道自己的思想和行为。教育者要通过"诲人以理"，达到用说服教育指导人们思想和行为的目的，应该了解说理教育的依据和基本要求。在实行中要注意以理服人，有的放矢，讲究说理艺术，运用思想政治教育的原理和方法筑牢道德教育的基础。大学的道德教育不同于中小学的道德教育，已基本走出了"塑造"的阶段，重心放在"纠偏"和"发展"上：由于教育对象是具有一定判断力的高智商青年大学生，道德教育不仅要使其知道"应该怎么做"，还要使其明白"为什么要这么做"。因此，大学的道德教育就需要认真分析大学生的特点和需要，有的放矢开展教育。有的道德失范是因为缺乏认知；有的如新时期遇到的一些道德新问题属于边缘道德问题，道德标准选择的多元化与道德价值判断的模糊化倾向让大学生失去了道德的方向感。这就需要教育者以人为本，与时俱进，具体问题具体分析地给大学生指明方向。如针对"人是否是自私的"这个问题，放在人性论的角度来阐释，人具有兽性而是自私的，但因摆脱兽性彰显人性而不再自私。把大学校园学子裸奔事件放在"公德"和"私德"的领域来进行探讨，问题也迎刃而解。澄清了认知，也就从根本上改变了态度和行为。有的道德失范是不缺乏认知，但没有固化态度，甚至行知背离。发生这种情况的原因很多，如个体经验的内参照，群体规范的外参照，等等。如有的大学生明白事理，但一旦在和自身利益有冲突的时候，特别是无人监督的时候，行动就失去了道德自律。因此，为了巩固好的道德行为，防止知行脱节，教育者一方面要不断灌输，巩固认知，使其内化为自身的道德信仰；另一方面要根据行为主义的学习理论，运用奖励和惩罚等手段，最大限度强化学生的合适行为，消除不合适行为，使其从服从到自觉，唤醒和强化大学生的道德自律意识。这种手段特别适用于挑战道德底线的大学生。

2."以文化人"，重视典型引导

典型教育法是指通过具有代表性的人或事进行示范，引导人们学习、对照和仿效，提高人们思想认识的一种教育方法。有时，我们也把那些有代表性的反面典型或后进典型用来对人们进行警示教育，这是一种特殊的典型教育。典型具有形象、具体、生动的特点。先进的典型是社会主义精神文明的集中体现，能起到感召、吸引、激励和催人奋进向上的作用，使教育对象产生自我教育的动机。典型教育法是思想道德教育经常使用的一种有效方法。应汲取优秀传统文化，为大学道德教育补充源头活水。中国古代理学家朱熹曾赋诗"问渠那得清如许，为有源头活水来"，此话正适合今天的大学道德教育。要使大学培养的学生有君子之风，心怀天下，大志在胸，清风傲骨，守节有持，只有如清渠一般，不断有活水的滋润。而这道德的活水里理应有延续千年的中华优秀传统文化，有"温、良、恭、俭、让"、"仁、义、礼、智、信"、"孝、悌、忠、信、礼、义、廉、耻"，以及"修身、齐家、治国、平天下"和"慎独"的道理；有以"雷锋精神"为代表的集体主义道德观念——无私奉献、艰苦奋斗、毫不利己、专门利人等全心全意为人民服务的思想；有"五讲四美三热爱"精神文明的重要内涵；还有"八荣八耻"的社会主义荣辱观。这些源头活水都是滋养华夏儿女的先进文化，是中华民族得以生生不息的力量源泉，它教给人们做人的道理、做人的要求、做人的方法，并让人从中得到做人的乐趣，让人追求崇高的精神境界。

3."以情动人"，注重情感教育

情感教学法是指教育者通过真挚的情感、善意的言行，激发教育对象感情共鸣，使其形成正确的世界观、人生观和价值观的一种教育方法。情感教育把情感视为人的发展的重要领域之一，关注人的情感在教育影响下使思想产生新的质变，激发人的健康向上的动力作用。大学生是思维活跃、个性突出的青年群体，特别是道德观念中自我意识越来越强烈，价值取向主体化，从情感上拒绝"我必须这样做"而更多倾向于"我志愿这样做"。如果诉求得不到满足，就很容易把情感封闭起来，结果造成"你说你的，我做我的"，给大学生道德教育增加了不小的难度。这就迫使必须改变教育者高高在上简单说教、学生被动接受的传统教学模式，需要教育者俯下身子多倾听、多交流，以情动人，用爱心和耐心去融化学生的情感坚冰。目前，国内外比较推崇建构主义的教育方法，它强调教师扮演引导者、援助者和促进者的角色，营造对话与协作的情境氛围，引导学生自己建构属于自己的、符合社会要求的认知体系。同时，根据思想政治心理学理论中的海德平衡理论和菲斯汀格的认知失调理论，为了增强教育者的权威性，若选择德高望重的教师来担当道德劝导的任务，则往往事半功倍。

4. "以行树人"，倡导激励教育

激励教育法是指持续性地激发人的动机，使人提高积极性，从而达到提高行为效率目的的一种教育方法。秋瑾说过："水激石则鸣，人激志则宏。"现代心理学研究表明，人的工作热情在经过激发与未激发之间有着巨大差异。思想政治教育的重要功能之一，就是运用多种激励手段，激发和调动人们参与现代化建设的积极性与创造性。在服务社会的实践中升华道德境界。深入开展社会实践是大学道德教育的重要环节，对于促进大学生了解社会，了解国情，培养爱心，奉献社会，锻炼品质，增强社会责任感具有不可替代的作用。我们要引导大学生走出校门，开展形式多样的社会实践活动，在活动中去发现和体会道德真、善、美的力量，从而在思想上有共识、感情上有共鸣，心理相容、情感相通。通过青年志愿者等爱心奉献的志愿服务、公益活动，大学生更能增强社会责任意识、担当意识。在社会的大环境下，大学生更能深刻体会对大学生道德素质的期望，从而自觉培养社会公德、职业道德和个人美德，大力倡导"说老实话，办老实事，做老实人"的良好道德风尚。大学生在思想意识深处能真正认识到道德是做人的基准、生活的根本，一个道德沦丧的

人必将失去其立足的社会根基，一个道德缺失的国度必将影响到其经济社会的快速持续发展。

（三）改进德育课堂，发挥主渠道作用

课堂教育是道德教育的主渠道，是思想政治教育的主要阵地。而课堂教学以课程设置体现教育的宗旨，灌输教育内容，实现思想道德教育的目标。思想道德教育可以通过下列几类课程进行。

1. 专门设置的思想道德教育课程

在美国、英国、法国、日本等国，许多大学设有专门的思想道德教育课，以美国为例，这类课程大约有四种类型。一是公民课。二是道德哲学课。三是职业道德课。这几类课程与学生的专业紧密联系，例如，医学院、法学院、商学院、管理学院都普遍开设了职业道德课。甚至一些工学院基于工程师要根据道德价值观进行工程决策，也普遍开设了工程伦理学等课程。四是学习西方著名思想家有关伦理道德的专著。例如，柏拉图的《理想国》被许多大学列为必修或选修著作。在亚洲，新加坡是以儒家经典如《中庸》《大学》《论语》等为选修和必修书目的。

2. 综合教育课程中的道德教育

综合课程教育从多个方面涉及道德教育，又具有综合的教育效果，一般都受到了各大学的重视。把思想品德课与人文选修课和专题讲座结合起来，使思想品德课的内容能通过人文选修课和专题讲座得到充实，把那些现实生活中鲜活的、生动的事例表达出来，增加其可听性和可感性，避免单调、枯燥。

3. 专业课程中的道德教育

专业课是每个大学生的主修科目，美国大学注意在专业教育中渗透道德教育，并且把道德知识的学习考核与道德行为的表现考核结合起来。道德知识的学习如果不通过行为表现，就很难看出其效果，这就必须建立更有效的监控机制和激励机制，把学生的日常表现予以量化，使之成为该课程的重要部分，或衡量该课程的决定因素，

从而促进学生知行统一。

借鉴西方国家的优良道德。由于历史的渊源和社会制度的差别，世界各国在道德教育的内容、方法、形式上都有着很大不同，我们要学习西方文化中先进的优秀东西，比如，诚信教育、个性教育、责任感教育等，借鉴国外德育的成功经验，进一步加强和改进传统德育内容，以适应社会主义市场经济发展的需要。

总之，道德教育过程是一个极其错综复杂的过程，需要我们以高度的责任感和使命感，根据社会主义市场经济的特点和思想道德建设的规律，不断解决道德建设中的新问题，探索道德教育的新途径，提高大学生的道德判断与实践能力，帮助大学生从道德困境中走出来。

第三节　大学生通识教育

一、通识教育的职业生存意义

（一）通识教育的含义

所谓"通识教育"，英文为"generaleducation"，源于亚里士多德提出的自由教育思想。目前所谓的"通识教育"，是大学教育中区别于"专业教育"的一个概念，最先是在美国哈佛大学1945年发表的《自由社会中的通识教育》报告中提出的。与专业教育主要关注学生某种专业知识传授和职业能力训练的宗旨不同，通识教育注重更广泛、更深入的有关人文、社会和自然的基本知识的教育，以及人类文化遗产的传播与对学生人格的教育作用。通识教育的目的，在于训练学生的有效思维，提高学生在表达思想、判断和鉴别价值等方面的能力，使学生的感情和理智都得到发展。通识教育对完善学生的智力结构、提高他们的审美情趣、加强他们的创造性和适应性、促进他们的和谐发展都有着重要意义。通识教育与专业教育都是为培养全面发展的人才服务的，二者相互促进、互为补充。有些学者将通识教育形容为"五会"，即学会做人、学会学习、学会做事、学会生活、学会发展。

（二）通识教育的时代意义

通识教育的目的是教会学生学习方法、思维方式，让学生学会怎么去自主学习，怎么进行独立思考，从而养成科学和文明精神，具备理性的力量，最终使学生能摆脱监护而获取独立、自由的精神走向社会。通识教育对于培养全面发展的人和创新型人才都具有十分重要的作用。通识教育的培养方式是让大学生在进入专业研究以前通过研读经典著作发展自己的思维能力、判断能力、批评能力、推理能力、评价能力，进而获得继续教育自己的习惯、观念及方法，从而成为一个"有教养的人"。在通识教育模式下，学生通过融会贯通的学习方式，综合、全面地了解人类知识的总体状况，理解不同学科之间的关联和融汇发展的可能，发掘终身学习的潜力。最后理性地选择或形成自己的专业方向，同时，发展全面的人格素质，有更高眼光、更宽胸怀之认识，以提升人的生命价值及生活品质。罗索夫斯基就曾指出通识教育蕴含的广、狭两层内涵。他说，"通识教育"是描述某些大学学院教育的一种方式；这个术语也可在狭义上表示除主修课或专修课以外的要求，目的在于确保知识的广度和平衡，使个人获得全面发展。

通识教育除了它固有的意义外，还要使学生兼通于"何以生""为何而生"两个领域，即学生既要懂得他所处的外在世界之道，以求生存与发展，又要懂得他与整个人类的生存和发展的意义与目的。只有两者相通才能形成完整、完满的人格。而"通识教育"之"识"，不仅限于"知识"之"识"，除了理性知识以外，还包括人的情感、意志等在内，以此来理解通识教育，它就不仅要着眼于知识的获得，还要着力于全面人格的培养。概括起来说，当代通识教育的目标是要使学生不仅具有改变外部世界之知能，还具有自我唤醒能力。在个体生命中达成"外在世界"与"内心世界"、物质生活与精神生活的和谐统一，在个体人格中达成理性与情感意志、科学与人文等方面素质的协调发展，以追求集真、善、美于一体的人格的形成。

由 2006 年 3 月，汕头大学高等教育研究所对用人单位发放的 1840 份"大学生就业相关问题调查"中发现：用人单位最看重的是大学生的能力，包括实践动手能力和发展潜力各占 60%，其次是思想品德占 21% 和专业成绩占 21%，再次是社会阅历占 15%，最后是学历、学校名气、性别等方面条件所占比例都在 10% 以下。归纳而言，用人单位最看重的是大学生的综合素质，其次才是专业水平。

调查还显示，用人单位认为，当前大学生最欠缺的依次是实干精神、实践动手能力、团队合作精神、心理素质、专业知识、外语和计算机水平等。这与上述用人单位看重的条件可以相互补充，显示出人才市场需要能力和综合素质强的大学生。而大学生的专业成绩和能力只是一个方面。因为，用人单位认为大学生最欠缺的正是非专业方面的能力。

对于大学教育，用人单位认为，其最应该加强的是"加强实践教学，培养学生动手能力"占回答者的 30%，培养"团队合作精神"的占被调查单位的 17.5%，建议"提高综合素质"的占 14%，加强"心理素质"的占 11.5%，要求大学教育"拓宽学生知识面，培养适应社会人才"的占 11%，培养"实干精神"的占 9%，培养"诚信等思想品德"的占 7%。可以发现，"加强实践教学，培养学生动手能力"是用人单位最期待的。"提高综合素质"，包括"心理素质""实干精神""诚信等思想品德"也是用人单位期待的。

因此，加强大学生的通识教育，对大学生的就业能力和职业生涯都具有重大意义。

二、通识教育的现状

通识教育是一种全面提高学生素质的教育，它反映了现代教育的基本特点，符合现代教育的基本要求。近年来，"通识教育"无疑是我国高等教育界使用频率最高的词汇之一。但令人遗憾的是，通识教育在我国高等学校的推行并非一帆风顺，许多理论与实践上的问题仍然有待解决。

（一）对通识教育与专业教育的关系认识模糊不清

实施通识教育必然涉及认识和处理通识教育与专业教育的关系问题。目前，在这个问题上有以下几种代表性的观点。一是认为通识教育是专业教育的基础，即把通识教育看作专业教育的奠基工程。二是认为通识教育是对专业教育的补充，认为通识教育是为专业教育服务的，开设通识教育课程的目的是学生将来能更好地从事专业工作。在大学里表现为学生以专业课程为主，在学习专业课程的同时适当学习一些通识教育的课程。三是认为通识教育是针对专业教育提出的，指的是"专业教育以外的知识与方法的教育"。他们认为，一个全面发展的人是通识教育与专业教育的组合体。四是认为通识教育既包括专业教育又包括非专业教育，而专业教育与非专业教育是以此种教育是否直接为学生将来的职业活动做准备而区别的。由上可知，人们对通识教育与专业教育关系的认识是较为模糊的，这种模糊认识使得人们在实践中摇摆不定，其后果是既实施不好通识教育又会妨碍专业教育的实施。

（二）通识教育课程设置不够合理

一些大学在实施通识教育时有一种认识，认为实施通识教育就是要多开设一些通识教育的课程。于是，一段时间以来，高等学校的课程越开越多。其实，在课程科目的设计上，师生在认识上的差异较大，有些教师认为重要的科目，学生认为不重要，反之亦然。课程设置基本上从学校和教师的角度出发，较少考虑学生的实际期望。这样，学生难免对有些课程不感兴趣，也难免有价值不高的课程混于其中。而在课程评价上，有的学校往往只以选修该课人数的多少及学生最后考试分数的高低来评价课程效果的好坏。这样，有的教授价值不大的课程的教师为了保住自己的课程便在教学中迎合学生，对学生要求不严，于是选修该课的学生甚众，殊不知绝大多数是为了捞取廉价学分。在这种情况下，很难对课程优劣做出评价，不利于课程的改进和提高。通过对一些大学通识教育课程的调查发现，高等学校的通识教育课程不同程度地存在一些问题，如选修课的种类不合理，课程内容过于偏向应用型和专业化，课程领域的划分普遍缺乏明确标准，等等。以上情况基本反映了我国高等学校实施通识教育课程的现状。

（三）通识教育师资队伍总体水平不高

科学管理理论在高等学校学术管理中的渗透，迫使教师重研究、轻教学，而学校对教师的评价也往往以科研成果为主。显然，与专业课相比，通识教育课程常与研究的关系不大，加上通识教育的效益是长期的，短期内很难见到成效，因此通识教育课程在高等学校得不到应有的重视，教师的工作也难以得到合理评价，致使教师参与的积极性不高。于是，许多高水平的教师都愿担任与科研关系更紧密的专业课的教学，致使在高等学校专职从事通识教育课程讲授的教师大都学历不高，甚至有些教师缺乏必要的敬业精神。如此一来，就使得讲授通识教育课的教师总体素质不高。

（四）学生思想上重视不够且学习意愿不强

产生学生思想上重视不够且学习意愿不强这一问题的原因有很多。首先，中学时期没有良好通识知识准备的学生觉得它有些陌生，如文科学生难以接受理科的通识教育课程。其次，功利思想严重的学生觉得它无用。他们认为，对通识教育课程学得好坏无关紧要，因为在毕业时用人单位选材的标准往往是"专业素质"，用人单位强调的是"专业对口"，重视人才的实用性。在人才市场的激烈竞争中，对学校提倡"通才教育"和用人单位要求"专才教育"这一矛盾，学生通常会选择后者。

（五）缺少专门的通识教育管理机构

在我国的高等学校中，通识教育的实施主要表现为开设一些通识教育的课程和倡导将通识教育的思想渗透到课程中去，具体由各院系来组织。但各院系原本各自独立不相往来，加上没有专门实施通识教育的机构来组织和协调，缺乏专门的经费支持和保障，使得高等学校中的通识教育陷入"说起来重要，做起来不要"的窘境。如此发展，通识教育不可能作为一个独立领域在高等学校生存，文史与理工也不能很好地交融，于是在经历了一场轰轰烈烈的通识教育运动后，不少高等学校又恢复了往日专业教育的宁静。

三、加强大学生通识教育的对策与建议

（一）整合通识教育的基本原则

1.指导自由选择原则

指导自由选择原则是指，大学应保障学生选择专业和课程的自由，同时，大学又应积极指导学生的自由选择。广泛开设各种选修课程，目前已成为世界高等学校课程改革的普遍趋势，这是使大学生获得多方面知识的保证。选修课的设置使高等学校的教学工作灵活多样。对学生来说，他可以根据自己的水平和兴趣选学适合自己需要的课程，增强对学习的兴趣和信心，发挥个人的特长和才能，当然也扩大了知识面；对学校来说，既可以发挥教师的积极性和特长，也可以尽快地把科技和生产中的发明创造反映到教学内容中去。增加选修课比例有利于打破专业的限制，为学生辅修第二专业或转换专业提供便利，也有利于各高等学校根据学生需要和社会需要灵活设置专业，从而有利于学生全面自由的发展和就业。但在增加选课自由度的同时，还须加强对学生的指导。就各校开设通识教育课程的经验而言，如果完全实行自由选修制，那么在缺乏指导的情况下，学生往往容易受功利主义的影响。课程的设置、通识教育课程与专业教育课程的比例、必修课与选修课的比例等问题都需要进行认真科学的研究和论证。为避免自由选修制造成的课程过度专门化和课程缺乏系统性的状态，开设一定的共同必修或核心通识教育课程是可行而有效的措施，它有利于学生获得更广泛的教育，并建构合理的知识体系。

2.综合性原则

整合通识教育与专业教育最基本的要求就是体现综合性。我国高等学校应改变过去专业界限森严，各专业、各门课程之间互相割裂，自成体系的局面。增强综合性应从以下几个方面入手。第一，自然科学、人文科学、社会科学应渗透交融，使文科学生了解一定的科学史知识和科学方法，体验科学的神奇；理工科学生加强人文训练，感受人文的熏陶，追寻人生的意义。

第二，根据学生的能力和水平，统筹考虑和安排各门学科的课程，注意年级之间、课程之间的衔接。

第三，突破学科之间的界限，加强各学科间的横向联系，开设跨学科课程。为了适应科学技术的迅猛发展和知识经济时代对人才的要求，我国高等教育的课程设置应以人的全面、充分而自由的发展为本位，体现综合性。在课程中既重知识逻辑结构又重知识发展的历史过程，既重知识纵向更新又重知识之间的融合和应用，既要关注学生知识的获得，又要关注学生实践能力、创新能力的培养及健全人格的养成，促进学生综合素质的全面提高。

3.层次性原则

专业教育应遵循由基础到专深的循序渐进规律，通识教育也有层次性，教育应由浅入深，将课程有机联系起来，形成完整的课程体系。南京大学龚放教授认为，现代大学的通识教育有三个层次。第一，补缺、纠偏，摆脱狭隘与浅薄。我国中学阶段过早的文、理分科，造成了青少年知识结构的明显缺陷。进入大学后，划分过细过窄的学科、专业，加上功利色彩过于强烈的学习态度，愈加强化了大学生知识掌握的缺陷。因此，大学通识教育第一层次的使命就是要治疗当前教育造成的"营养不良"和文理失衡。第二，整合、贯通，由知识的统摄转为智慧的领悟。此层次的通识教育应当在掌握较多知识的基础上，实行科际的整合，使自然科学与人文科学之间、抽象思维与形象思维之间实现对话、相通和交融。大学通识教育必须防止"杂、散、乱"的倾向，不能仅仅"填鸭式"地灌输各种知识；必须注重心智的训练，培养学生洞察、剖析、选择、整合和迁移的能力。第三，超越功利、超越"小我"，弘扬新的人文精神。由追求整合的知识到促进身心全面发展，由智慧的领悟到价值澄清和人格养成，这是现代大学通识教育的"第三境界"，也是教育的终极目标。通识教育的三个层次是紧密联系、逐渐提升的，它与专业教育也是密切相关的。在设置课程时必须通过深入的研究和广泛听取专家的意见，处理好通识教育课程之间、专业课程之间及通识教育课程与专业课程之间的关系，厘清各类课程逻辑、历史、认识的顺序，构建层次分明、有序完整的课程网络系统，以利于学生身心全面和谐的发展。

4. 个性原则

不同类型的学校，不同类型的专业，课程设置都需要适合自己的特点和实际情况，不可能所有专业都按照一个模式来组合人文、自然及社会课程。学校、专业、学生三方面的个性特点，均是我们在设计课程体系时应认真研究的问题，也只有突出个性的课程设计才是真正有价值的设计。离开了个性发展，全面发展是不可能实现的。只有个性的充分发展才能实现个人及人类的全面发展。正因为如此，大学的课程设计还须顾及学生的需要、志趣、才能、爱好等个性特点，最好的方法便是给学生自主选择的权利，让学生有专业选择权、课程选择权、活动选择权和教师选择权，这样才能让他们的潜能充分发挥出来，个性才能自由生长。

（二）探索整合通识教育的有效机制

1. 淡化专业，强化课程

建立整合课程机制的基础性工作是淡化专业，强化课程。淡化专业，一是淡化教学主管机构对专业的控制，把专业的改造权与设置权下放给高等学校；二是淡化专业对教育者、教育对象和教学活动及过程的束缚，把专业的规格性作用限定在最基本的、具有一定模糊性的层次上；三是淡化专业界限，拓宽专业口径，设置真正的大专业。强化课程，一是强化教育者对于课程的主体地位，保证他们在完成既定教学工作之外，根据自己的特长开设新课程，以及根据大纲选择教学内容、教学方法和教学形式；二是强化教育对象对于课程的选择自由；三是强化课程的目标管理。淡化专业与强化课程机制，既有利于打破人为设定的专业界限，扩大学生的自主选择权利；也有利于学生依据自身水平、特长制订课程计划，学生可以跨专业、跨院系选课，使学生能拓宽视野，增强适应性。由于专业仅是课程的组织形式，大学生在低年级学习通识教育课程时不必确定自己的专业，有利于减少学习的功利性，增加学生的主动性。高年级时进行专业分流培养，同时，每个专业都可方便地组织数目较少的课程，形成供学生选修的辅修专业方向，以培养知识复合型人才。

2. 加强基础，拓宽口径

围绕大学四年能否真正培养出"高级专门人才"的问题，我国教育界曾有过争议，但现在大多认为，大学本科阶段只能打造专门人才的基础，要真正成为专门人才必须经过一段时间工作岗位的锻炼。为了学生今后的可持续发展，大学应加强基础，即加强基础知识、基础理论和基本技能的训练。何况，由于我国已进入高等教育大众化的时期，越来越多的青年学生得以进入高等学校接受教育，他们中部分人中学阶段基础打得并不扎实，过早进行专深的专业教育还有困难，更需要加强基础教学。以往我国专业设置强调对口，一是把专业与学科直接对应，二是把专业与社会上的职业直接对应，似乎大学应当为每种职业提供一种"对口"的专业，导致专业越分越细，越划越多，到20世纪80年代，总专业数曾达到1343种。由于知识技术更新速度的加快，职业的更替也在加速，一方面，大学不太可能一应俱全地直接为社会的每种职业设置一种专业，职业的多样性和多变性使得大学无法这样做；另一方面，那种简单的对应设置，使得学生也难以适应未来的多变性，一旦他学的专业对应的职业消失，他就将面临困境。因此，拓宽专业口径成为当前教育改革的一项重要内容。从通识教育的角度来说，拓宽专业口径，有利于学生在更广的范围内选择课程，使学生有更合理的知识结构，提高学生知识的综合性，更有利于他们成为复合型人才，并在认知与情意方面都得到较好发展。

3. 增加选修课，减少必修课

贯彻指导自由选择原则，在课程设置时必须增加选修课比例，相应减少必修课比例。许多国外著名高等学校在设置课程时一般遵循两条基本原则：一是对大学的课程设置标准宜粗不宜细，二是以定性为主。这样各院系、专业在编制教学计划时能更富有弹性和个性，给学生选择的空间也更广阔。有的大学自由度更大，既可以跨专业选课，也可以跨院系、跨学校选课，还允许选学纵向课程，打破学年限制。这样学有余力的学生可以辅修第二专业，或争取双学位，也可以提前毕业。从拓宽专业口径的角度考虑，需要增加选修课。因为必修课过多，学生大部分时间、精力限制在一定范围内，便不能再有条件拓宽专业口径。从通识教育的要求来说，通识涉及的范围很广，学生全面发展的目标也包含方方面面，要针对学生的兴趣、需要、现有水平等因素实施，最好的办法也是由学生自主选择课程。但是，由于学生对知识体系缺乏全面的了解，对一些基础课程的重要性认识不够，加之功利思想的影响，完全自主选修课程会造成一定的盲目性和功利性，也容易造成学生知识结构上的混乱。因此，由重要的通识教育基础课程、专业基础课程及专业主干课程构成的核心课程则应采用必修课的形式。

4. 注重融合，提倡开放

进入 21 世纪，科学技术发展表现为：发展速度呈加速增长的趋势，既高度分化又高度综合，而又以高度综合为主；科学技术转化为生产力的速度越来越快。这些特征反映到高等教育上，要求我们加强相关课程的融合，为学生开设跨学科课程，培养学生运用多学科知识解决复杂社会问题的能力。科技的发展还要求高等教育具有信息社会要求的开放性，高等学校的专业课程和通识教育课程应反映社会需要与学生需要的变化，不断拓展社会功能。课程应对生动活泼的外部世界开放，并从现实世界中获得发展的动力和材料。针对现实世界中和未来社会可能面临的问题设计课程，使各专业的课程在各专业之间相互开放、相互融合，实现文、理、工科课程的相互渗透，使学生不仅具有"做事"的本领，还具有"做人"的修养，从而既满足社会对人才的需要，又符合个人全面、自由、和谐发展的要求。

第六章　高等学校学生职业辅助素质培养

第一节　大学生诚信职业素质培养

改革开放以来，我国的经济和社会发展都取得了举世瞩目的成就，但是从以上大学生中存在着比较严重的诚信缺失现象可见，诚信缺失现象犹如毒瘤正在日益严重地侵蚀着大学生的思想。全面建设小康社会，构建和谐社会，都离不开诚信这一重要保障。因此，解决诚信教育过程中的不足，必须整合各方力量，建立一套适合当代大学生特点的诚信教育体系，同时，根据各高等学校的实际情况和特点建立一套相应的制度做保障。

（一）加强高等学校诚信教育，突出培养诚信素质

1. 遵循大学生成长规律，提高诚信教育效果

德育是指教育者根据一定社会和受教育者的需要，遵循品德形成的规律，采取言教、身教等有效手段，通过内化和外化，发展受教育者的思想、政治、法制和道德几方面素质的系统活动过程。诚信教育过程是一个从低到高、由浅入深、循序渐进、不断发展的动态过程，要从最基本的抓起，逐步提高。首先，要提高大学生的诚信认知。诚信认知是指人们关于诚信品质和行为、诚信原则和规范的一种道德上的认识与理解。诚信认知是发展其他诚信心理素质的基础，因此在诚信教育中必须把提高诚信认知水平放在首要位置。其次，要将大学生的诚信情感升华为一种品质。诚信情感是诚信认知的催化剂，是诚信认知转化为诚信行为的动力，对诚信行为具有调节作用，

是整个诚信品质形成和发展的精神源泉。因此，在诚信教育中要非常重视对大学生诚信情感的培养。最后，要强化大学生的诚信行为。我们培养的学生不能是只知晓诚信知识，在行动上却常常违背诚信行为规范的"两面人"。因此，诚信教育要十分重视诚信行为的训练，不仅要使大学生掌握有关诚信知识，还要使他们把知识转化为行动，养成良好的诚信行为习惯，做到"知行合一"：要使大学生养成自律意识，自觉地将诚信内化为自己的行为，具体可以通过深化政治理论课教学内容、教学方法的改革，使大学生充分认识诚信的内涵及价值，引导大学生树立社会主义核心价值观，确立科学的诚信认识；通过丰富多彩的第二课堂教育活动，建构满足大学生心理需要的诚信体系，培养大学生的诚信道德情感；通过将诚信教育渗透于学科专业教学中，帮助大学生形成较强的诚信意识，自觉践履诚信行为。

2. 积极编写诚信教材，充实和丰富诚信教育内容

加强诚信教育需要认真编写各种教材，充实和丰富诚信教育内容。杜威认为："知识的题材与道德的发展有着密切和有机的联系，各种教材是培养儿童道德品质的主要手段。"可见，教材是一种基本的道德教育手段，其编写极为重要。诚信教育的内容应该是与时俱进的，经济全球化和教育国际化的发展进程要求我们在诚信教育内容上注入时代精神，使传统的、本土化的诚信教育逐步走向现代化、国际化。尤其要注意两个结合。一是诚信意识要和规则意识结合起来。现代诚信观念不仅是一个处理个人之间关系的"私德"，还是一个处理个人和社会之间关系的"公德"。尤其是在和谐社会思想的指导下，要强化规则意识，把诚信教育和规则教育结合起来。规则和诚信是紧密联系的，规则意识淡薄，诚信意识必然缺失。大学生诚信方面的问题和社会上规则意识的薄弱紧密联系，有些已经渗入学校内部。例如，高等教育中，通过《法律基础》的教学，使大学生认识到诚信不但是一种道德要求，而且是一种法律要求，是人之为人的道德底线，并且帮助学生树立"信用至上"的价值观、公正平等的法律意识和信守契约的法治观念，认识到违法失信行为要承担的法律责任和后果，从而增强大学生的诚信责任意识。二是诚信意识要和创新意识结合起来。诚信观念侧重实事求是、信守诺言，但在社会飞速发展的时代，更需要创新、突破常规。

学校应该把诚信教育贯彻落实到学校教育的各环节，从入学教育到毕业教育，从日常行为管理到校园的各项活动，都要渗透诚信教育的内容。我们认为，大学生诚信教育内容要完整、系统并有针对性，具体应涵盖政治信仰、学习考试、日常生活、人际交往、社会活动、助学贷款、择业就业等学生生活的各层面。要把以诚信为核心的道德教育同爱国主义教育紧密结合起来，将邓小平理论、"三个代表"重要思想、科学发展观和社会主义荣辱观等方面的内容加入诚信教育，使大学生明白诚信不仅是个体的道德需求，还是实现社会主义和谐社会的现实需要，从而强化铸造诚信品质的责任感和使命感，使诚信教育教学真正成为大学生品格形成的坚实基础。

3. 创新诚信教育方法，拓展诚信教育的实践渠道

（1）将诚信教育纳入学校日常教育体系。

学校是进行系统思想道德教育的阵地，诚信教育应落实到学校的具体工作中，渗透到教育教学的各环节，高等学校应该以"两课"为主阵地，改变传统的灌输式教育，教师以真实、可信、可感的诚信人格魅力影响学生，在实践中深化诚信教育。总之，在教育过程中要坚持全员育人、全方位育人的原则，利用一切先进的教育教学手段和载体来开展以"诚信教育"为主的道德教育活动。在诚信实践过程中要求每个学生从自身做起，从日常生活的具体行为做起，自觉地践行，使诚信行为成为习惯，内化为自身诚信的道德品质。

（2）开展各种形式的诚信实践。

日本教育家、心理学家石川弘义认为："人之成德在于力行。"任何道德认识、道德觉悟、道德情感、道德责任心最终只有通过学生切身的道德体验的践行，落实于真切的道德行为表现出来，才能体现其价值。诚信教育的关键在于培养诚信行为实践能力，将认识变成行动。要从教育的实际及大学生的特点出发，将诚信教育同提高大学生的自身素质结合起来，通过多种形式、多种渠道，如通过校广播、校园网、校报、宣传栏、黑板报等舆论方式广泛宣传，充分利用和挖掘各种教育资源，结合大学生管理工作、教学管理工作和宿舍管理工作，通过讨论会、辩论赛、报告会、知识竞赛等实践活动，努力培养大学生的事业心、责任感、平等竞争的意识、独立

自主的人格和对规则的虔诚态度。学校和社会可以建立大学生诚信实践履行机制，通过实践，可以丰富大学生诚信的感性认识，从而为诚信道德的提升奠定基础。一方面，要积极组织大学生参加各种有益的实践活动，培养其社会责任意识、参与社会公益事业的热情和奉献精神，从而锻造和健全其道德人格。切身的实践和体验，有助于优化和强化大学生的自我意识，提高学生的道德评价能力和道德修养自觉性，从而使其切身体验感悟到诚信是一种思想和行为的必然要求。另一方面，让他们在实践中了解一些政治经济生活中因诚实守信成功和失信失败的案例，使他们懂得诚信对个体发展的重要性和失信对个体发展的危害性，从而把诚信意识的形成作为自己的道德追求。

4. 完善诚信教育的制度，规范学校的教育行为

首先，拓展诚信监督渠道，建立校园监督机制，确保校园的诚信氛围。具体可以通过完善诚信承诺机制、成立道德自律委员会、建立道德审判法庭等，在实践中培养大学生的信用意识和责任感。学校应建立起自己的校内信用监督机制，对诚信教育的实施情况予以监督，要对信用评价是否公开、公正、公平予以监督，避免诚信教育和管理部门自身的"失信"；对诚信教育、诚信评价中的失信行为绝不能姑息，一定要予以曝光，从而有利于诚信教育和信用评价的顺利发展。

其次，建立信用档案。制度的缺陷或者执法力度不够严格，往往使一些心存侥幸或贪图眼前利益的学生，为达到自己的目的而无视诚信规范、破坏诚信原则。因此，学校必须建立一套有利于大学生诚信品质形成的信用机制。例如，在学生助学贷款方面，要严格贷款制度，建立大学生信用档案，将大学生在校的信用与未来的社会信用挂钩。当前在某些地区，个人诚信记录就可以通过互联网查询，公司和企业在招聘员工的时候，会将信用记录作为是否录用的重要参考指标。在考试制度方面，应加强考前宣传，采取"诚信考试周"等措施杜绝考试作弊，严惩考试作弊者。在德育考核方面，应结合学生的诚信表现情况进行思想品德鉴定，在新生入学时可安排他们参加承诺仪式，对自己在校期间必须达到的学习目标和各项德育目标进行承诺。学校要将大学生在校期间的承诺内容、表现情况记录到诚信档案中，让大学生在实践自己的承诺中潜移默化地培养诚实守信的道德观念。

最后，建立合理的诚信评价体系。"评价是人活动的意识性、目的性的集中表现，它是人依据一定的价值标准对人、事、物的一种价值判断，并为人们提供明辨是非、善恶、美丑的价值信息。"诚信教育从属于道德教育，离不开诚信评价的引导。从道德心理学角度来看，道德认识是指对客观存在的道德现象、道德关系及处理这种关系的道德规范和原则的认识，它包括道德经验的累积、道德理论知识的学习、道德判断能力的发展等。由于种种因素的影响，部分大学生诚信道德意识扭曲，甚至产生变异。因此，应通过诚信评价机制纠正并提高大学生的诚信道德认识，使其对诚信道德的认知从低级、浅表向高级、深层发展。我们的评价应坚持公开、公平、公正原则，坚持教育、评价和监测三位一体的方针，以评促建，以评促管，重在建设。

5. 发挥教师的表率作用，师生共同实践诚信

汉代著名思想家扬雄在他的《法言》中说，"师者，人之模范也，无德者无以为师"，提出了教师在"做人"上的"模范"作用，强调了对教师道德品质的要求。教育者是榜样的启蒙者、美好心灵的塑造者；教师既是道德行为的实践者，又是道德品质的教育者。因此，必须重视师德建设，加强高等学校教师的诚信道德修养，使教师成为履行诚信义务的表率。教师不仅要遵守公民道德准则与行为规范，还要遵守教师特殊职业的道德规范。教师对学生的诚信教育要想取得真正效果，首先自身要讲诚信，严格规范自己的行为。近年来，诸多大学为了抬高自身的学术声誉，也为了在一些评估的"数字"里有更好表现，聘用了一些"学术大腕"来为之撑"门面"。一些受聘者也为了个人利益，不顾自己的时间与精力而多处兼职。这种"不良兼职"现象毒化了"学术空气"，在客观上助长了教师抄袭他人科研成果的风气。这样的教师又怎能严格要求学生考试不作弊呢？如果一位教育管理人员在学生成绩、评奖中弄虚作假，那么又怎能让学生敬仰他、信任他呢？虽然这些现象只是部分个人行为，但引起的社会负面效应及对大学生的心理影响是巨大的。因此，作为塑造大学生诚信道德的楷模和表率，教师必须树立诚信的道德观念，明辨是非，努力提高自身的素质和修养，始终以正直、诚实的形象出现在学生面前。

我们知道，学生和教师是实施诚信教育过程中相辅相成、互为影响、不可分割

的两个方面。要想打造诚信校园，仅仅确定教师的诚信取向，以自己的一言一行成为学生的楷模是不够的，还必须营造浓郁的诚信氛围，与学生一起践行诚信。教育者要与受教育者一起成为实践的主体，在实践中通过理性思考，做出诚信道德判断和选择，并自主调节自己的诚信行为。

（二）加强家庭诚信教育，夯实诚信教育基础

在家庭中进行的诚信教育，主要是通过家庭教育实现的。家庭教育是指"父母或其他年长者在家庭内自觉地、有意识地对子女进行的教育"。家庭的诚信教育是诚信教育的基础，对大学生的成长至关重要。每位社会成员都有责任、有义务对子女进行良好的诚信教育，使之养成自觉的习惯。

1. 转变成才观念，注重培养孩子的品质

人的良好道德品质的形成过程是一个从道德他律逐渐走向道德自律并最终实现主体对道德自由把握的过程。因此，我们认为，要提高大学生的诚信修养，关键在于发挥"内因"作用，必须强化以自省性、自控性、自励性为内容和目标，达到行为自律。部分家长在孩子的教育问题上较为功利，他们忽视孩子日常行为的教育与管理，而更看重孩子的成绩，认为只要多拿几本证书，以后找工作就高枕无忧。因此，不少父母平时只关注孩子的学习成绩升降，对孩子的品德状况却很少问津；有的父母甚至为了"只要学习好"，无原则地满足孩子的各种不正当要求。结果是孩子上大学了，却已形成了"以自我为中心"的观念，特别是当涉及个人利益时，有的孩子"为达目的不择手段"，违反校规、校纪，甚至触犯法律，而父母此时却悔之晚矣。因此，父母应转变成才观念，注重培养孩子的品质。要明确人才都是德才兼备的，孩子只有"成人"，才能"成才"。德是人才的根本和统帅。一个人没有道德，不仅不会成为社会所需的"人才"，还有可能成为"歪才"，即使有本事，也不会被社会看重和承认，甚至会因其有更高的智力而对社会造成更大的危害。

2. 树立诚信家长榜样，做孩子的表率

家庭教育是教育之始，是孩子接受教育的开端。中华民族拥有深厚久远的家教

传统，自古以来就有许多有关的民间故事和传说，如"叔敖母教子""孟母断机杼""岳母刺字"等，还有"养不教父之过"等古训。但是，由于社会竞争日益激烈及计划生育政策的实施，家庭教育也逐渐带有功利性，出现了重智育、轻德育的现象。生活中，不少大学生的一些非诚信行为恰恰就来自家庭。特别是，当前社会经济生活急剧变化对家庭价值观造成的冲击，很容易让家庭教育迷失方向。因此，家长应审视、检点自身行为，加强对大学生的教育和引导。

首先，家长要转变错误观念，提高认识。陈桂生先生就曾指出，"在直系家庭转变为核心家庭以后，出现了家庭教育与抚养经验的真空"，家庭在教育中的地位也进一步削弱，家庭教育本身也日益变态，甚至可以说几乎濒临危机状态。因此，要提高在家庭教育中扮演最重要角色的人即父母的认识。父母的爱与关怀能更好地给予孩子最初的情感和道德体验，在孩子的心中种下爱和信任的种子。一旦出现不诚实的行为或违背了自己的诺言，父母就一定要向孩子坦诚相告，讲明自己这样做的动机，求得孩子的理解和原谅，绝对不能为了顾全自己的面子而文过饰非。另外，学校要开办家长学校，广泛宣传诚信观念，强化正确的舆论导向，对一些有着明显不良习气的家长进行人格培育，让广大家长树立起诚信人格，并增强诚信垂范意识，时时处处严格要求自己，给孩子树立良好的榜样，营造浓厚的家庭诚信道德氛围，使青少年的身心浸润在理想的家庭环境中。其次，家长应以身作则，做孩子的榜样。父母是孩子的启蒙老师，父母的言行举止对孩子起着最直接的影响。尤其是父母在日常生活中的为人处世、待人接物等，是孩子学习和模仿的榜样。

（三）营造和谐社会环境，助推大学生诚信教育

1. 强化政府的社会责任，拓宽就业渠道

欲建立和谐社会，必先有诚信的政府。政府在社会诚信体系的构建中应起着重要的表率作用。一方面，政府要规范自身行为，提升自身诚信度，强力打造诚信政府，树立责任政府形象，充分发挥其在诚信缺失治理中的主导作用。政府的政策和政府官员的行为，既直接展示着政府的诚信，也直接影响着政府在人们心目中的地位和

形象，"为提高社会组织的透明度，必须使政府的行动尽可能地开放和透明"。在一个连政府都不诚信的社会，不可能建立诚信的市场经济，也不可能建构和谐社会，更不可能培育出诚信的公民和诚信的社会。另一方面，政府要严惩作假失信行为，为大学生就业创造一个和谐、诚信的环境。另外，政府应该抓住"西部大开发"、"小城镇建设"、城市社区建设等有利契机，鼓励和引导毕业生到祖国最需要的地方去，到最能发挥自己能力的地方去。高等学校应积极配合国家政策，加强与各用人单位的联系，认真建立健全毕业生就业和服务体系，尤其是开设就业指导课和就业网站建设等。

2. 构建大学生诚信交往网络，营造诚信的社会风气

一方面，教育大学生在现实生活交往过程中继承和发展儒家的诚信观念，恪守诚信原则，清除浮伪习气，做到真诚待人，杜绝虚伪和欺骗，从而实现交往行为的规范化。随着经济的发展和科技的进步，人际互信对诚信道德建设产生越来越重要的影响。只有人际互信，人际交往才能健康，社会才会拥有和谐的风气。因此，高等学校要引导大学生通过人际交往结交真心朋友，在相处中培育互相信任、互相合作的精神。这将有利于整个社会环境的稳定和优化，有利于和谐校园乃至和谐社会的构建。

另一方面，随着信息技术的发展和网络技术的推广，网络以其迅捷的速度、生动的形式向人们传递着信息与知识，同时，也给传统的生活方式、思维方式、交往方式、知识传播方式带来了挑战。当前，很多网民认为网络世界是虚幻的，在这里可以随意放纵自己，不需要像在现实生活中那样遵守各种道德准则。"网上多元道德文化使个体处于矛盾的道德选择中，使个体道德人格的形成受到挤压和扭曲。"在网络日益成为生活中不可或缺的一部分的时代，诚信作为现实世界人际交往的必备美德，同样适用于虚拟世界。诚信品质在网络社会中起着不可比拟的作用，它利于协调网络交往中人与人之间的关系，并利于确保虚拟环境中的人际信任，对维护网络秩序起着十分重要的作用。因此说，诚信品质是网络世界的存在之基，否则，网络世界的信用体系一旦崩溃，欺诈行为就将泛滥成灾。

3.加强媒体舆论的自律与监督，倡导先进信任文化

媒介具有覆盖面广，传播途径多，影响力强，发展速度快等特点。媒介，尤其是大众媒介在现代社会生活中对人们思想观念和生活方式的影响与作用是巨大的。如今，科技飞速发展，媒体负有主动满足公众知情权的义务和责任，有使命感的媒体应当把维护宪政尊严放在第一位，把对人民的健康和生命安全高度负责放在第一位。正如在2008年汶川大地震中，各大媒体密切配合政府工作，及时准确地公开各种信息，几近完美地完成了自己的使命。可见，媒体的大力宣传和社会舆论的正面引导对营造良好的诚信社会氛围起到重大作用。因此，我们应该利用各种媒体进行宣传和监督，引导社会舆论，提倡和鼓励诚信道德行为，全面宣传"诚信"的当代意义，进而杜绝媒体中的一些不良内容，防止其产生不利于大学生诚信教育的负面作用。

中华优秀传统文化中蕴含着丰富的信任文化资源，有待我们在建设和谐社会的过程中大力开发。发达国家有一句名言："增长不等于发展，富裕不等于幸福。"它很形象地说明了新时代人民需要的变化。物质是满足人们生活的必需，文化则能提供生活的意义，使人们的心灵感到抚慰和激励。我们对待传统文化既不能全盘西化，也不能过分依赖于传统文化的"起死回生"。张岱年先生认为，我们应该以马克思主义为文化研究的思想指导，以辩证唯物主义和历史唯物主义为基本的研究方法，既"反对东方文化优越论，也反对全盘西化论，主张兼取中西方文化之长而创造新的中国文化"。因此，在今天中西方文化乃至全世界文化都处于交融的状态下，大学生不仅要学习西方先进的诚信制度文化和诚信伦理文化，而且要用平等、民主等观念深化中华优秀传统文化，最终在全社会弘扬先进信任文化，并发挥其重要的价值和作用。

第二节 大学生理财素质培养

（一）转变教育观念，切实加强大学生理财教育

深化大学生理财教育改革必须进一步解放思想，更新观念，从根本上突破理财教育的认识论困境，规范理财教育内容，通过大力加强以创新、创业精神和就业能力为核心的经济教育，科学培育和合理发展市场经济方面的工具理性来促进学生正确价值理性的生成，最终实现求知与求职、物质利益与精神价值追求的和谐发展，这是我国当代教育必须肩负的责任和使命。

上海交通大学人文学院副院长姚俭建教授提出："中国青少年理财教育应包括三个基本方面：理财价值观的教育，涉及对金钱、人生意义的正确理解和价值认同；理财基本知识的传授，包括经济金融常识及个人家庭理财技能和方式；理财基本技能的培养。"美国公共政策研究所高级研究员米兰达·刘易斯认为，教给年轻人基本的个人理财知识，如计算利率、家庭预算、房屋贷款等，有助于他们未来做出正确的理财决定，而不致陷入债务困境。在西方，个人理财已成为人们日常生活中不可或缺的一门学问。个人理财或者个人财务策划在西方国家早已成为一个热门和发达的行业。我国大学生理财教育还处于刚刚起步阶段，而大学生理财教育又是培养学生创新精神与创业能力、缓解就业压力的需要。

据统计，到 2008 年，我国高等教育毛入学率已达到 23%，每年 500 万～700 万毕业生需要就业。而市场经济改革的深入，带来小政府、大社会的管理格局，机关裁员，企业产业结构调整、减员增效，新劳动法使得企业用人日趋谨慎，大学生的就业机会和环境不容乐观。理财教育有利于培养学生的创新精神与创业能力，推动大学生自由择业和自主创业，缓解就业压力。因此，大学生理财教育既要大力扩充和丰富教育内容，又要与生涯规划教育等其他课程相融合，只有这样，大学才能为社会、为国家培养出更多具备正确理财观念、全面财富知识、娴熟地驾驭货币和资本运动规律的经济建设主力军，为社会更好、更快的科学发展做出贡献。

（二）构建大学生理财教育体系

1. 科学确立理财教育的目标

正确的财富观有助于大学生学会如何使用钱财，使个人与家庭的财务处于最佳的运行状态，从而提高生活的质量和品位。在市场经济社会，每个人在开始获得收入和独立支出的时候就应该开始学习理财，从而使自己的收入更完美，支出更合理，回报更丰厚。大学时期是一个人独立支出的开始，很可能也是赚取人生中第一笔收入的时候，是走向财富社会的出发点，是理财的起步阶段，也是学习理财的黄金时期。在此阶段，如果能养成一些较好的理财习惯，掌握一些必需的理财常识，那么往往可以受益终身。大学生理财教育的目的应是：立足于培养学生对金钱、财富和财富创造的认识、理解与尊重，引导大学生树立正确的财富观、理性的消费观、积极的创业观、自觉的投资观、科学的理财观，以及牢固的法律意识和诚信意识，了解现有理财工具、手段，掌握一定的理财技巧和能力。

2. 理财教育内容体系的构建

在美国、日本等发达国家，理财教育已经融入了国民教育的方方面面，他们总结出了一整套值得我们借鉴和学习的科学教育方式。在美国，理财教育的方式是清晰地依据少儿生理和心理的自然发展规律，由浅入深、循序渐进地教授理财知识。孩子3岁时，能辨认硬币和纸币；4岁时，知道每枚硬币是多少钱，认识到收入无法把全部商品买完，学会选择商品；照此循序渐进，到17岁时，孩子能比较各种储蓄和投资方式的风险与回报，比较年利率，以便决定把钱存在哪里，从谁那里借钱，尝试进行股票、债券等投资活动及商务、打工等赚钱实践。与此同时，还注意培养孩子的劳动意识，使他们懂得劳动创造财富的道理，从而知道赚钱的正当途径。根据这些国家的经验我们可以知道，对于构建我国大学生的理财教育内容体系也应该具有科学的理论依据和教育方式。

大学生理财教育内容体系的构建应该从大学生的实际状况和心理需求出发，同时，结合我国国情，顺应国际经济全球化和信息化的潮流，按照科学的理论，由浅入深地确定理财教育的内容，介绍理财产品，传授理财知识，培养理财技能。借鉴发达国家的理财教育理论，结合马斯洛关于人的需求理论与对应的理财方式和理财内容，我们的理财教育内容体系应是以消费、保险、投资为核心的经济教育。

第一部分是消费知识与技能，目的是让学生明白如何合理安排收支，确定必需开支，理性消费，主要内容包括消费伦理、消费经济学、商品学、财务会计、家庭预算等。第二部分是储蓄和保险知识与技能，目的是让学生掌握将来工作后通过财务安排，降低风险，寻求安全保障的知识和技能，主要内容包括各类储蓄产品、房地产投资、税收筹划、固定收益证券、保险学、黄金投资、组合投资等。第三部分是投资知识与技能，目的是让学生了解各种高风险、高回报的投资产品，比较和选择投资对象，通过风险投资，提高生活质量，实现自我价值，主要内容包括股票、共同基金、期货、外汇等金融衍生产品和实业投资、创业教育等。

3.拓宽理财教育渠道，构建合力育人机制

大学生理财教育可以通过专业课程设置、选修课、报告、讲座等途径得到有效实施。同时，家庭教育和社会环境对大学生理财有着深远影响。高等学校应该广泛发动学生家长配合学校一起做好学生理财教育工作，建立良好的沟通机制，共同为学生理财提供一个良好的保障；并与相关部门沟通，整治好学校周边社会环境（网吧、歌厅等）及不良风气。学校、家庭和社会通力配合，构建密切有力的合力育人机制，形成三位一体教育网络，给大学生理财教育的实施提供良好环境和社会保障。

（三）倡导大学生职业教育，提高理财教育实效

随着经济的发展，居民的理财意识开始焕发，金融理财是一个非常有前途的行业，可以容纳一定的高素质人才的就业。高等学校可以鼓励有能力、有条件的学生参加各类理财职业资格考试，如理财规划师，特许金融分析师，证券、期货、基金从业资格考试等。通过参加各类理财职业资格考试，学生的理财知识更加巩固，理财技能更加娴熟，同时，也提高了学生的就业和创业能力。

由于理财知识和技能实践性强与随着经济社会发展更新速度快的特点，同时，高等学校受到师资力量的制约，鼓励专业性的理财培训组织进入校园，既有利于促进理财教育的发展，满足学生的需要，也有利于合理利用高等学校的教育资源。比如，大学可与金融服务机构合作，通过在互联网上举办定期讲座，由专业人员与投资者探讨有关个人理财的相关问题，免费寄送投资宣传册、举办各种免费的学习班等方式，从以下战略领域强化个人理财教育：①提高对个人理财教育重要性的认识；②参与和促进通过合作提高个人理财教育的效率；③研究理财教育计划的有效性；④组织个人理财入门知识联盟，以提升大学生的个人理财能力。

此外，这些专业性理财培训组织还可以给那些为提高大学生个人理财素养做出杰出贡献的个人和社团组织颁奖，发挥激励作用。

第三节　大学生法治素质培养

21 世纪是我国依法治国的新时代，树立法律意识、维护法律权威及自觉守法已经成为 21 世纪人才培养的基本要求，也是评价人才的重要标准。显而易见，切实加强大学生法治教育是时代发展的呼唤，更是推动和维护依法治国有效运行的重要保障。

（一）改进大学生法治教育的措施

1. 完善法治教育的组织和管理

（1）加强法治队伍建设，建立法治约束管理机制，形成依法治校的意识和行为。

首先，加强领导，健全机构，完善队伍，使法治教育有具体的机构管，有具体的人员抓，有具体的教师教。第一，学校党、政、工、团、妇等方面都应有专人负责。这样既能保证这些组织对学校的法治工作有分头抓管的责任，不留空白，又能强化这些组织自身的法治意识和行为。第二，加强与明确学校学生处、政治教师和其他德育工作者在法治教育中的责任及任务，充分发挥与利用其教育的优势和资源。第三，面向校内外尤其是司法、执法部门，聘请素质较高的专业人员担任学校专职或兼职的法治副校长、法治教师、法治宣讲员、法治监督员、法治顾问等，以提高学校法治教育队伍的整体素质。第四，建立有相当权威的学校综合治理委员会或法治教育工作委员会。人员可由学校有关院系领导、学生管理部门负责人、政治德育教师、外聘人员、学校所在地社区组织负责人、高年级学生代表等组成，定期和不定期研究处理法治教育的有关问题，开展检查评比，维护学校正常秩序。第五，加强大学安全保卫工作。保卫处受学校行政和综合治理委员会或法治教育工作委员会领导，是学校具体承担安全保卫和对内、对外联系处理有关法治教育问题的工作部门。这样有利于学校法治教育工作落到实处，收到实效。

其次，通过广泛地学习与宣传法律法规，使师生熟悉并掌握依法治校、依法治教、依法受教的有关法律规定和要求，明确各自的法律责任。

最后，完善学校、班级、部门规章制度，规范决策、监督管理程序，增强自我约束管理机制。学校办学的一切行为都要在法律法规和充分体现本校大多数人意志的章程制度的约束下进行，要充分发挥教职工代表大会和学生代表大会在学校民主管理与监督中的重要作用，做到校务公开。直接涉及学生利益和权利的有关重大决策应召开学生代表大会讨论后再决定。要健全学籍处分程序和学生申诉机制，坚决维护学生的合法权益。

（2）抓住最佳时机，做好预防教育，加大纠正力度，达到知行统一。

第一，通过法治课教学，让学生较系统地掌握常见法律知识。尤其要配合政治课通过专题讲座、知识竞赛等活动，抓好《中华人民共和国宪法》、《中华人民共和国民法》、《中华人民共和国刑法》、《中华人民共和国劳动法》及《中华人民共和国高等教育法》等相关法律法规的宣传教育，使法律要求深入人心，达到预防效果。

第二，围绕"教行结合""知行统一"开展以学生为主体参与的丰富多彩的教育活动，注重法治教育案件实例与理论教育相结合。由于法律条文的枯燥性，采取形式多样的教育方法是加强法治教育和提高职业指导法律教育工作实效的必要手段。除了通过课堂学习法律基础课外，还可以通过就业指导课、进行法治讲座、举行法律知识竞赛、举行主题班会、个别辅导、法律援助、毕业生情况跟踪等多种形式开展法律教育，不拘一格，注重实效。在教育过程中要注意选取当前大学生就业中的社会热点问题案例，以案说法，增加大学生的学习兴趣，使大学生理解法律条文，增强法律意识。

第三，把法治教育纳入学校教育科研课题进行研究，使教育不断朝着规范化、程序化、科学化的轨道发展，让其产生事半功倍的教育效果。

（3）营造浓厚的校园法治文化环境，不断强化潜移默化的教育效果。

校园法治文化应纳入校园文化建设的重要内容去抓。学校要营造浓厚的校园法治文化环境，潜移默化地作用于学生的日常学习和生活，使其逐步增强法律意识，树立法治观念，养成守法维法习惯。在工作中，除前述的措施和做法外，还应通过法治宣传标语、黑板报、橱窗张挂法治报刊、宣传画、印发法律法规摘编、主办校园法治广播、校园电视台、校园文学社刊物，举办法治教育展览、禁毒展览、消防知识展览，组织法治宣传队，开展法治讲座、演讲赛、知识抢答赛、辩论赛、报告会、故事会、法治主题班团队会，自扮角色举办"模拟法庭"、自选自编自演法治文娱节目、邀请同龄人"现身说法"等多种形式、多种途径，有声、有形、有图、有文、有娱、有乐，以加强校园法治文化建设，使法治教育经常化、形象化、制度化、规范化，营造自发的、自觉的、自然的、浓厚的校园法治文化环境，强化潜移默化教育，使法治教育收到入耳入脑导行之功效。

（4）积极推进依法治校，创造体现法治精神的育人环境。

积极推进学校层面全方位依法治校，营造浓厚的体现法治精神的育人环境，让学生在依法治校的过程中自觉或不自觉地接受良好的法治环境熏陶，对学生增强法律意识、树立法治观念，起着重要的作用。一是依法理顺政府与学校的关系，落实学校办学自主权，通过制定和实施学校章程，引导学校树立依法办学的责任感。二是建立和完善与学校章程相配套的学校内部管理的各项规章制度，实现学校管理规范化、制度化，尤其要规范学校的办学行为、招生活动。三是建立学校重大事务和涉及教职工切身利益事项的议事、决策与监督程序，并进一步发挥教职工代表大会在学校民主管理和监督中重要作用，实行校务公开。四是健全学生学籍处分程序和学生申诉机制，严格常规管理，预防学生人身伤害事故的发生，维护学生的合法权益。五是创建安全文明校园，充分发挥法治工作委员会及法治辅导员的作用，解决学校及其周边地区的治安环境问题，保证学校教育教学活动的正常进行。

（5）严格依法治教，切实做到教好书、育好人。

振兴民族的希望在教育，振兴教育的希望在教师。教师历来被誉为"人类灵魂的工程师"，教师素质的好坏直接影响到学生的立志与成才。然而，在实践中，一些教师违背为人师者的神圣职责、漠视学生的合法权益，甚至为了一己私利不惜践踏道德甚至法律，在教育工作中做出有损教师形象的不道德行为甚至违法犯罪行为。这些行为也直接损害了教师的形象，使学生失去对教师的依赖和尊重，形成与教师、学校的对立心理，并容易在厌学、反叛情绪支配下走向社会，为不良伙伴所拉拢腐蚀。在社会规范中，道德是人类行为的高标准要求，法律则是人类行为的最低标准。作为承担教书育人职责的教师一定要做到依法从教，严格按照法律的要求开展教学工作，充分尊重学生的合法权益，这是对为人师者的最低要求。古语有云："其身正，不令而行；其身不正，虽令不从。"只有教师以身作则，才能在法治教育中更好地发挥对学生的教育作用。学校应当对教师的教学工作进行全方位的监督和管理，不能仅以考试成绩和升学率等作为评估教师的指标，更应当重视对教师教育工作中非法行为的监督和管理，切实做到依法治教，既要教好书又要育好人，成为大学生真正的"人生导师"。

2. 加强法治教育的指导和评估

学校是法治教育的主渠道，各学校应当肩负起法治教育的重要职责。与此同时，教育主管部门应当加强对各学校法治教育的指导与监督，引导学校通过系统的、一贯的法制课教学和其他法治教育活动，认真、全面、细致地开展法治教育工作，及时掌握学校法治教育工作的具体情况，对于其中存在的问题及时发现并督促解决，对于学校法治教育中面临的困难和障碍，应当尽可能提供帮助，为学校开展法治教育创造良好的环境与条件。

除指导以外，科学的教育评估体系也是必要的。如果没有科学的教育评估体系，就难以确立正确的质量观，也难以客观公正地评价法治教育的效果。因此，学校法治教育必须建立和完善科学的教育评估体系，把法治教育情况列入教育评估体系，从制度上保障法治教育得到足够重视和根本落实。这种教育评估可以从以下几个方面进行。首先，要对法治课的教师进行全面评估，包括教师的教育思想、职业道德、业务水平、工作态度、教学方法和教学实绩。其次，要对法治教育质量效果进行评估。不能以单一的成绩作为评估标准，而应主要看是否真正培养起较强法律意识，是否形成了现代法治观念，学生有无权益受侵害的现象，以及学生能否以法律武器来维护自己的权益，等等。

3. 法治教育应当与道德教育紧密配合，协调统一

"加强法制重要的是进行教育，根本问题是教育人。"而教育人最根本的又是突出理想信念教育和道德教育。因为，法律"治标不治本，治端不治始，需要通过道德弥补其不足"。只有道德教育才能触及人们的灵魂，陶冶良好的情操，塑造理想的人格。因此，加强法治教育应当以加强道德教育为基础，继承优良的传统，吸纳道德教育的成果。法律与道德同属于社会意识形态，它们相互影响又相互渗透，其社会功能具有互补性。法律和道德是人类的两大社会调控体系，都是实现社会控制的手段，都通过调整和规范人们的行为维护社会秩序，并反映一定的社会价值和时代精神。法律以道德为价值取向，以道德为社会支持。法律的道德根源性赋予了法律以天然的伦理属性，这种道德属性要求法律必须以道德为价值准则，体现人类的伦理精神。如果法律背离了人类基本的道德精神或道德目标，就将丧失约束人们行为的道德基础。因而，只有不断地强化社会成员内在的道德良知，使其逐步养成应有的道德责任感和道德评判力，才能真正实现法律的社会价值，树立法律权威。"法律权威感只有在社会成员普遍地、自觉地把法律当作自己的生活准则并把它当作自己的道德义务来遵守的时候才得以树立。"因此，大学法治教育只有把法律意识融入并积淀在当代大学生的道德理念中，将法律要求内化为他们自己的观念，才能使法律至上的意识升华为更深层次的道德义务要求，从而形成他们对行为的自我约束、对法律的自觉遵行和高度认同，形成较高境界的法律意识和法治理念。

（二）加强职业指导中法治教育工作的建议

1.大学生就业指导法律教育工作应当贯穿学习、就业全过程

大部分高等院校往往将就业工作看作学生毕业阶段的一项临时性工作，而在低年级很少对他们进行这方面的指导教育，从而使得相当多的低年级大学生缺乏对社会职业状况及人才市场动态的正确认识和准确了解，导致大学生在毕业时对职业、择业和就业的知识准备、心理准备与技术准备等明显不足，从而在择业过程中表现出盲目性、从众性和无序性。因此，大学生就业法律指导工作应当提前介入、重在预防，引入日常教学工作中，建立长效教育机制，涵盖大学生在校学习、就业求职全过程。从大学生求职实际来看，在就业指导过程中要本着"管用"的出发点，注重实效，力争能解决大学生就业求职过程中，甚至包括就业派遣后一段时间内的有关法律问题。如毕业生与用人单位见面"双选"、签订就业协议和劳动合同、就业报到等就业环节，往往在这些环节中涉及有关法律问题。因此，就业指导的法治教育应注意对大学生就业全过程中的择业阶段、签约阶段、报到阶段、试用期内纠纷的法律问题进行有针对性的教育。

2.加强对就业指导人员的法治教育，培养一支专兼结合的高素质师资队伍

要使大学生就业指导中的法治教育工作真正落到实处，就必须有一支过硬的师资队伍。各高等学校应注意加强对就业指导工作人员的管理和培训，要通过人员培训和进修、补充专业工作人员、专兼职结合等加强队伍建设。就业指导人员应通过正规学习、技能水平培训、自我学习等，逐步实现由外行到专家的转变过程。要使高等学校就业指导人员不仅熟知大学生就业管理业务、大学生就业教育方法和大学生就业政策，还熟知大学生就业过程中可能出现的法律问题，努力提高自身的法治水平、组织管理能力、交际能力、分析预测能力、信息处理与运用能力和改革创新能力，增强服务意识。只有拥有具备扎实法律知识的指导人员，才能把法治教育很好地落实到即将就业的大学生身上。

3. 适时开展就业援助项目，维护学生就业合法权益

针对目前侵犯大学生就业合法权益事件时有发生的实际，有条件的学校和地方可适时、适当地开展大学生就业法律援助项目。特别是刚刚就业的大学生，只了解法律上的实体权利，不能掌握法律程序的规则，使原本在实体上应当保护的权利得不到法律保护。此项目的实施在于针对毕业生在求职过程中、刚刚就业后出现的劳动争议或法律问题，维护其就业合法权益。具体工作方式可以包括以下形式：开通热线咨询电话接受咨询；设置专门的电子信箱接收电子邮件咨询；接受学生当面咨询；开通大学生就业法律援助服务网站；提供法律建议及维权方案，帮助学生实现维权。

4. 构建权利本位意识

大学生是中华人民共和国的公民，是宪法规定的权利与义务的主体，引导大学生树立正确的权利义务观是法治教育的基本任务。权利与义务的问题是法律的核心问题，权利与义务应该是相应的。比如，你有享受公共交通便利的权利，同时也有遵守交通规则和社会公德的义务。在我国传统法律文化和法治教育中，普遍存在重义务而轻权利的现象，偏重传统的义务本位观。反映在现实生活中，公民的平等、权利观念和维权意识淡薄而权力崇拜观念浓厚，甚至出现权力左右经济发展的"权力经济"现象。这种观念的巨大惯性直到现在仍然时时体现出来。譬如，在学校法治教育中，本应该加强对学生作为一个公民、作为一名学生应该享有法律赋予的各种权利和应履行义务的教育，但在实际中，法治教育注重的是法律条文（特别是法律制裁条文）的认知，更强调的是学生应遵守的规范和义务，以及违反后应受到的惩罚，忽视学生的权利意识培养与权利保障。在目前各级各类学校制定的《学生手册（守则）》中，基本上都是学生应遵守的规范，而很少有权利的规定。在权利和义务的关系（结构）中，权利应该是第一性的，是义务存在的前提和依据，法律设定义务的目的是保障权利的实现；权利须受法律的限制，而法律限制的目的是保障每个主体的权利都能得到实现。苏联法理学界则认为，权利是主观的法，法是客观法（法律规范）与这种主观法（主体权利）的统一。因此，保障权利是法律的根本，

即使是罪犯，他的权利也要受到保护。

因此，对大学生进行法治教育最重要的是正确理解和行使作为公民在法律上享有的权利；作为学生享有《中华人民共和国高等教育法》规定的各项权利；在学校教育中更应尊重学生，切实保障学生的合法权利，引导他们牢固树立公民权利意识。

第四节　当代大学必须肩负的社会责任

在当今社会，大学同与之相处的社会环境一起正在发生着深刻变革，理想和功能也随着时代的变化而变化，从游离于经济社会之外到处于经济社会边缘的传统及高深学问研究，最终走向经济社会中心，与社会和经济的关系日益紧密，而且作用越来越大。大学的职能已从继承、传递和发展文化，培养英才等传统职能，发展到应用其成果为公众服务，已成为社区乃至社会的精神文化中心，承担起为社会问题寻求咨询、研讨对策，为社会发展提供价值导向和道德理想，担任社会认知的"裁判"等重要功能，起着引导、批判、融合社会的特殊作用。因此，现代大学应该履行以下社会责任。

（一）大学应成为社会职业的"预配器"

大学毕业生作为劳动力市场主体的重要组成部分，其自身也必然通过劳动力市场进行配置。在这种配置过程中，个人的知识、技能、观念等职业素质和个人的就业目标，劳动力市场环境及社会对人才的需求环境等，无一不影响和制约着大学生的就业。因而，毕业时总有一部分学生因这样或那样的原因或不能立即就业，或不能找到与其知识水平、能力相匹配的理想工作等，有的甚至还逐渐成为失业大军的一部分，给高等教育和社会的和谐发展造成了越来越大的负面影响，对当代大学教育提出了前所未有的挑战。

随着我国经济转型进入实质性阶段，产业结构的不断升级和调整，农村剩余劳动力大规模转移，国有企业和集体企业的"两个置换"释放出大量的剩余劳动力。同期，我国高等学校的持续扩招、毕业生大量增加，而经济发展又面临着世界性金融与经济危机的冲击，所有这些使我国进入21世纪不久就陷入了失业高峰阶段。大规模失业群体的产生，给我国社会、政治、经济带来了全方位的影响。高等教育进入大众化发展阶段后，上大学不再是"千军万马过独木桥"，有越来越多的人享有接受高等教育的权利，而且不分年龄、性别、民族、身份和地位。大学生不再是计划经济体制下的"宠儿"，大学生的就业如同老百姓一样，不存在"统包统分"的问题，而是要公平地参与社会竞争。当年的"供不应求"已转变为"供不符求"甚至"供大于求"。大学生的就业基本趋于市场化，价格机制在就业市场上的调节作用也越来越大，导致大学毕业生就业市场由过去的"卖方市场"转变为"买方市场"。再加上上述种种不利情势，使大学生的职业生存成为令人头疼的问题。

面对如此严峻的形势，大学及其教育工作者，必须认真对待"大学生就业难"这个问题，重新认真审视大学的社会责任。大学必须改变趋向于内敛、陶醉于清高、漠视社会需求、"躲进小楼成一统，管他春夏与秋冬"的心态，主动参与经济社会全面改革，从社会边缘步入社会中心，积极面对社会职业专业化调整和社会对大学空前膨胀、急剧增长的多样化需求，重估大学承担社会责任的价值所在，厘定大学社会责任的边界、层次与缓急轻重。当务之急是，大学必须彻底转变观念，正视其专业教育的职业特性，自觉承担起社会职业"预配器"的责任，充分发挥其提升大学生职业生存能力、促进大学生生命发展的大职业教育作用，主动调整学科专业结构，大力开展就业、创业教育，为解决大学生就业难、创业能力不足的紧迫问题做出应有贡献。这绝不仅仅是权宜之计，更是当代大学生存发展的价值策略和必然选择。

（二）大学应成为和谐社会的"调音师"

20世纪是人类历史上科技最发达的时代，但也是人类灾难最深重的时代。两次世界大战浩劫全球，核威胁、细菌战、生化武器成为科技被工具化的典型代表，生态环境日益恶化。我国近20年经济发展的确取得举世瞩目的成就，但由于经济增长基本建立在高消耗、高污染的传统发展模式上，不少地区以浪费资源、牺牲环境为代价追求经济增长，目前已开始出现全国性资源持续趋紧，生态环境继续恶化的严峻局面。

　　大学在与它为之服务的社会的复杂关系中，应该面向两个重要问题，能否解决这些问题将决定大学的前途。第一，它适应社会需求的能力；第二，也是最重要的，看它有没有能力超越单纯的适应阶段，在全世界发挥创造性与革新的作用。联合国教科文组织 1998 年召开的世界高等教育大会讨论通过了《21 世纪的高等教育：展望和行动》，明确提出：大学及师生应当"通过不断对新出现的社会经济、文化、政治趋势进行持久的分析，加强自己的批判性和前瞻性功能，从而成为预测、警报和预防的中心"。同时指出："任何国家和任何地区要使可持续和不破坏环境的经济、社会发展及通过进一步认识和了解文化遗产激发的文化创作达到必要的水平，在提高生活水平及人权、民主、宽容和相互尊重的基础上实现国内外的融洽与安宁，高等教育是必不可少的。"

　　作为非政治性权力机构，大学的社会责任十分重大。虽然大学不能直接介入社会发展的政治行动，但是大学因为其长期形成的独具气质的大学精神和它高度自治的大学制度，以及大学追求真理、捍卫真理的勇为作风，使之相对于国家、社会、市场而言是相对独立的，对周围的环境具有"调节"作用。因而，大学应该坚持自身的学术道德观，坚持敢于质疑、敢于批判的中流砥柱精神，充分利用大学成员占有的更多、更高、更精、更新的知识和设备，以及长时期从事科学研究形成的科学素养，以较为清晰的科学意识，为社会提供强劲的精神动力、理论依据，乃至智力和技术支持。更重要的是，大学教育还要赋予智力和技术以善的德行与灵魂，引导和协调人类社会和谐发展。这就要求大学在和谐社会的构建中，必须消除科学精神与人文精神的失衡状态，努力促进人与自然、人与人、人与社会的和谐共处，尽力实现两者的平衡与协调。因此，大学应视人文精神为其内在灵魂，不断提升人们对世界的认识和对未来的理想追求，不断提升知识（再）生产与传播的社会责任和道德目标，还应引导人们和社会从人的存在的整体性角度来理解科学与人文。大学通过它对知识的创新和人才的培养，超越功利主义，追求人类整体社会利益；大学通过对科学技术的创造、发明及对社会现实的批判与社会风气的引导，不断促进社会的可持续发展和长足进步，促进人与自然、人与社会、人与人的和谐，使大学真正成为社会良知的象征和人文精神的守护者，把对真、善、美的追求有机统一起来，成为构建和谐人类社会的"调音师"，在和谐社会的构建中，弹奏出协和、悦耳、动听的和弦之曲。

（三）大学应成为时代风尚的"引领者"

日本教育家永井道雄曾告诫人们要警惕"现代大学危机"，他指出："当大学与企业结合得过于紧密，学术上又过于反映出实用性的时候，大学的创造性就会枯竭。"现代大学的危机就是个性丧失，精神失落，科学成为器物，也就是大学的使命消失。当今大学缺的是相关各方切切实实的责任，对学生的责任、对社会的责任乃至对历史的责任。学校当局和教育行政主管部门都不该忘记一个基本前提，即学生始终是学校的主体。大学不是"名利场"，而是社会的"孵化器"。学生也不是工具和筹码，而是社会的建设者。当"现代大学危机"已经显现的时候，我们不禁要回首大学的漫漫史河，不禁要领略大学曾经的风采。无论从纽曼时代"学术回廊式"的学院，还是亚伯拉罕·弗莱西斯纳"研究组织式"的大学，抑或是克拉克·克尔的"多元化巨型大学"，我们都不难看出，大学在适应和促进社会发展的漫长进程中，自身的结构和功能也在不断变化与拓展，在守护和传授知识的同时，"铁肩担道义，妙手著文章"。在西方文艺复兴时期，大学就自觉成为批判基督教文化，倡导人文主义精神的阵地，大批学者成为当时引导人们冲破宗教枷锁的思想先驱，如但丁、薄伽丘、加尔文、哥白尼、伽利略、牛顿等成为欧洲文艺复兴、宗教改革、近代科学兴盛的开路先锋。德国则首先兴起大学的改革运动，德国的大学在新人文主义运动中获得了"大学是民族精神生活的中枢机关"称誉。中国近代大学的标志——北京大学，因大力倡导民主科学，主张"术""学"兼顾、学术自由，成为中国新文化运动的中心。鲁迅先生成为五四运动光辉的旗帜，李大钊、毛泽东等成为中国革命领导人物，北大"催生了马克思主义在中国的发展，影响了中国近代文化的历史走向"。由此可见，大学始终展现着批判现实的勇为精神和开创社会风气的创造活动，大学的社会功能也主要体现在对社会的责任上，以实现其最高的价值追求和理想境界。

大学作为一个文化组织，始终在引领社会的走向、引导社会文化的主流，大学始终是各种思想文化交汇的前沿阵地。但是，"大学不是温度计，对社会每一流行的风尚都做出反应，大学基于一定的价值体系，与社会保持一定的距离，保持合适的批判性抵制，有助于避免愚蠢的近乎灾难性的莽撞"。大学是社会之光，不应随波逐流。这就要求大学敢于对社会现实进行针砭、批判，并科学地进行分析和评价。正如竺可桢先生所言："大学犹如海上之灯塔，吾人不能于此降落道德之标准也。"大学只能如灯塔般以标志的作用，辉照四方，引导社会文化向健康的方向发展，并重视"流行文化"的影响作用。因而，大学应自觉地担负起追求真理、捍卫真理、批判现实、开创风气的责任，充分发挥文化批判精神和引导社会文化进步的能力，真正成为传播知识、打造高素质人才的摇篮，成为地域文明的中心。现代大学不仅要研究高深知识、产生思想和学问，还要给社会提供理想的行为模式，引导和促进社会的不断发展，真正成为时代风尚的"引领者"。

（四）大学应成为知识创新的"加速器"

大学的初衷是培养"知识人"，维护知识权威的地位，大学因此而成为"知识的中心"。但大学不仅仅是"保存文明的机构"，更是"探求学术的社会"。大学人不仅要做思想与知识上的交流，还要在讨论中探寻真理，从研究中获得新知；大学不仅是优秀传统文化精华的忠实守护者，还是社会文明创新的急先锋。

20世纪80年代初，美国学者丹尼尔·贝尔就提出了"大学是现代社会的轴心机构"的理论，其理论核心是"高等教育体制是现代社会的轴心结构，是高新技术的创造者和知识创新者的再生产机构，是社会进步和经济发展的重要源泉"。清华大学原校长刘达认为，清华精神就是"一种百折不挠、追求真理的精神，一种严谨勤奋、求实创新的精神，一种自强不息、奋发向上的精神"。这就要求大学必须清醒地认识到：

"教育具有培养创新精神和压抑创新精神的力量。"因而，打造受教育者的创新精神，开发受教育者的创新潜能，提升受教育者的创新素养，成为大学不容推卸的社会责任。为此，大学有义务坚持科学发展观，通过对自身教育目标、教育纲领及学科、学术的修正和整合，在科研上有所创新和突破，不断扩展学科门类，大力建设科研队伍，营造宽松的学术环境，进行广泛的合作交流。把传统的知识与科学发展、社会发展、文明发展的要求相融合，积极探寻新知识的生长点，使教育同经济、科技、社会实践的结合更加紧密，真正成为推动科技进步和经济、社会发展的重要力量。

因此，当代大学不能仅仅停留于对知识的储存、整理、传递这样古旧的功能上，还要在深深理解并且扎根于历史文化传统的基础上，向着时代和未来开放，与时俱进，使"以发现新知识为目标的科学研究成为大学的重要职能，创新、开拓逐渐成为大学精神实质中的重要特征"。首先，大学要不断创新知识，开创新文化及新的文化传统，为社会提供新的思想，并把新的思想传播到政府和各行各业、非官方机构与个人的服务机构。其次，大学必须融入社会创新之中，体现在现代大学功能上就是参与政府和企业决策，置身于社区建设。再次，大学要大力进行技术创新，在知识经济背景下充分利用市场的杠杆作用，打破高等学校历史形成的相对封闭性，通过现代企业的实质性参与和一体化合作，将高等教育的教学、科研和服务三大职能在技术创新的现实导向下与社会进行实质结合、全面协调、有机重组，从而有助于弥合高等学校中传统与创新、理性与感性、所学与所用的长期分割。最后，高等学校知识创新的职能体现在创造新职业上。知识经济时代推进着职业知识化、专业化，知识的更新必然促使职业的更新，高等学校将充分发挥其"知识中心""智力中心"的作用，依靠其学科齐全、人才密集的优势，适应社会多样易变的需求，创造以直接满足社会现实需要为目的的多种高新技术职业。总之，现代大学不仅是"知识的中心"，还应成为知识创新的"加速器"。

（五）大学应成为国家建设的"人才储备库"

21 世纪是一个新技术革命蓬勃发展、知识经济迅速崛起的世纪，是一个智力开发空前重要、人才竞争空前激烈的世纪，教育被推向经济和社会发展的战略制高点，成为综合国力较量的决定性因素。因此，21世纪实际上是一个教育的世纪，其根本就是抓人才，抓教育。美国提出以培养能力为中心的教育改革，其培养的能力包括思维能力、观察能力、动手能力和批判能力。德国的人才教育观是要培养向前看、有事业心、敢于冒险、不安于现状的人。日本提出要培养"世界的日本人"，日本的松下公司所办的大学，除了培养经济人才、科技人才外，还专门设有国际政治系，旨在为松下的产品占领世界市场储备一批世界政治家人才。1994年4月，联合国教科文组织成立的国际21世纪教育委员会提出了一份题为《学习：财富蕴含其中》的报告，指出教育在培养人的目标上应该具有四个支柱：学知、学做、学会发展、学会共同生活。1999年6月，中共中央、国务院在《关于深化教育改革全面推进素质教育的决定》中提出："构建一个充满生机的有中国特色的社会主义教育体系，为实施科教兴国奠定坚实的人才和知识基础。"为了适应21世纪经济、科技迅猛发展对高素质人才的需求，为适应全面建设小康社会和建设社会主义和谐社会的需要，大学应积极面对和主动响应时代的呼唤，解决好自身的"服务"与"面向"问题，努力成为国家建设的"人才储备库"，自觉担负起科教兴国的重任。为此，大学必须谨记培养高素质人才的己任，真正造就有灵魂、有学识、有创造的知识群体，并教会他们学会做人，学会认知，学会做事，学会共处，学会生存。大学教育要把我国巨大的人口压力转化为丰富的人力资源优势，不仅要造就学界精英、科学泰斗，还要培养出一大批高素质领导干部、工商巨子和数以亿计的高素质劳动者，适应市场经济、民主政治、科技与文化发展及和谐社会建设的需要，为现代化建设提供更大的人才智力支持和知识贡献。

参考文献

[1] 刘红英. 大数据背景下的高等教育管理 [J]. 科技风, 2023(6):32–34.

[2] 黄雯. "互联网 +" 背景下高等教育管理模式的变革与创新 [J]. 普洱学院学报, 2023, 39(1):121–123.

[3] 王玉辞, 闫晓军. 大数据背景下高等教育管理创新研究 [J]. 中文科技期刊数据库 (全文版) 教育科学, 2023(5):4.

[4] 张俊超. 大数据时代高等教育管理工作优化措施 [J]. 女报, 2023(1):0160–0162.

[5] 孙正伟, 于永政. 新时代高等教育管理创新路径探索 [J]. 佳木斯职业学院学报, 2023, 39(2):119–121.

[6] 张天天. 基于新媒体技术下提升高等教育管理有效性分析 [J]. 长春工程学院学报（社会科学版）, 2023, 24(1):4.

[7] 李祯海. "互联网 +" 背景下高等教育管理模式的变革与创新 [J]. 黑龙江教师发展学院学报, 2023, 42(4):12–15.

[8] 林晓锋. 以人为本理念下高等教育管理模式创新路径 [J]. 江西电力职业技术学院学报, 2023, 36(1):124–126.

[9] 杨博. 信息技术对高等教育管理的影响探究 [J]. 大学：教学与教育, 2023(1):9–12.

[10] 彭颖怡. 互联网时代高等教育管理模式的创新 [J]. 中国成人教育, 2023(2):20–23.

[11] 岳文忠, 张淑英, 王佳. 人工智能背景下高等教育管理变革发展研究 [J]. 吉林农业科技学院学报, 2023, 32(2):60–63.

[12] 许建国. 以就业为导向的高等教育改革研究 [J]. 佳木斯职业学院学报, 2023,

39(5):121–123.

[13] 丁云昊 . 我国高等教育管理模式探索实践：评《高等教育管理新论》[J]. 中国教育学刊 , 2023(2):1.

[14] 李卫娜 . 当代高校教育教学管理理论与实践 [J]. 食品研究与开发 , 2023, 44(8):I0016.

[15] 张宏如 , 曹雨平 . 高等院校素质教育系列教材：当代大学生心理学 [M]. 北京：首都经济贸易大学出版社 ,2004.

[16] 邱观建 . 面向 21 世纪高等学校素质教育新体系 [M]. 武汉：武汉理工大学出版社 ,2007.

[17] 佚名 . 高等院校大学生素质教育系列丛书 [M]. 南京：东南人学出版社 ,2011.

[18] 李满苗 , 张和仕 , 赵美珍 , 等 . 大学素质教育论纲 [M]. 南昌：江西教育出版社 ,1999.

[19] 王德岩 , 王文革 , 张加才 . 建构与创新：高等学校素质教育课程建设研究 [M]. 北京：清华大学出版社 ,2016.

[20] 韩延伦 . 高等学校文化素质教育课程设计研究 [M]. 青岛：中国海洋大学出版社 ,2005.

[21] 徐德明 , 陈杰 , 罗志尧 . 高等学校素质教育的理论与实践 [M]. 上海：百家出版社 ,2001.

[22] 王宝根 , 满保林 . 高等学校素质教育纵论 [M]. 南京：东南大学出版社 ,1999.

[23] 马明华 . 高等学校人文素质教育论 [M]. 广州：华南理工大学出版社 ,2010.

[24] 程金城 , 徐宏勋 . 普通高等学校人文素质教育通用教材：大学人文导读 [M]. 兰州：兰州大学出版社 ,2005.

[25] 薛锋 . 高等院校大学生素质教育系列丛书 [M]. 南京：东南大学出版社 ,2010.